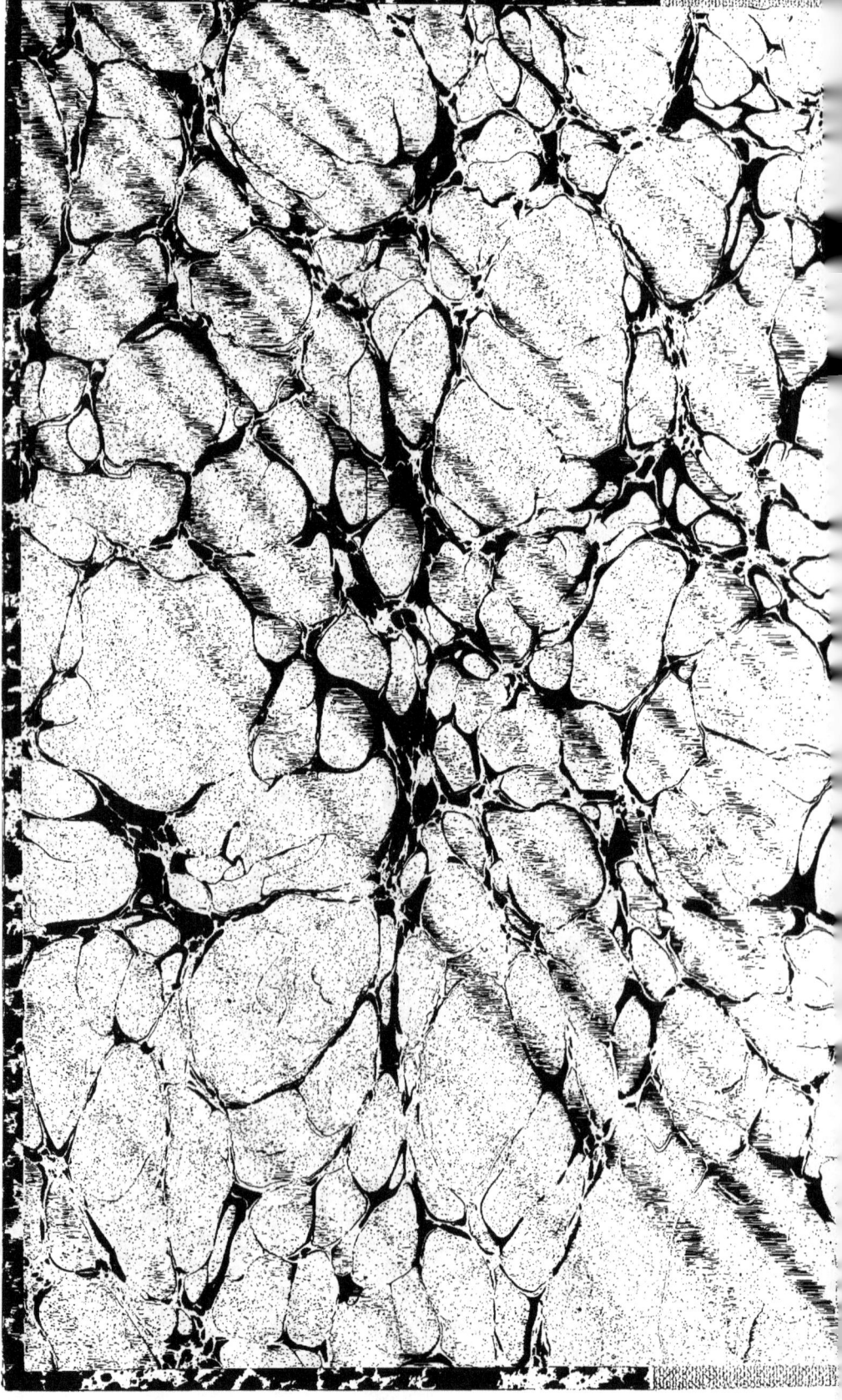

LES
HOMMES UTILES

LES
HOMMES UTILES
ET
BIENFAITEURS DE L'HUMANITÉ

DEUXIÈME SÉRIE IN-4°

James WATT enfant.

LES
HOMMES UTILES

ET

BIENFAITEURS DE L'HUMANITÉ

NOUVELLE ÉDITION REVUE

PAR

E. DU CHATENET

VINGT-SEPT GRAVURES

LIMOGES
EUGÈNE ARDANT & Cie
ÉDITEURS

HOMMES UTILES

BERTHOLLET
(1748-1822)

La vie et les travaux de Berthollet n'appartiennent point seulement à l'histoire des sciences. Le commerce français le proclame l'un de ses plus illustres bienfaiteurs et l'un des savants les plus utiles d'une époque féconde en mémorables applications des découvertes de nos savants aux progrès de notre industrie nationale.

BERTHOLLET (LOUIS-CLAUDE) naquit, le 9 décembre 1748, de parents d'origine française, au bourg de Talloires, à huit kilomètres d'Annecy, en Savoie. Son père, châtelain du lieu, lui fit faire de bonnes études aux colléges d'Annecy et de Chambéry, puis à celui de Turin.

Le jeune Berthollet pouvait prétendre à quelque poste lucratif ou à quelque haute situation dans l'Etat. L'amour des sciences naturelles l'emporta, et il obéit à l'instinct d'une vocation qu'il ne distinguait encore que vaguement, en se livrant à l'étude de la médecine. Reçu docteur en 1770, avant d'avoir accompli sa vingt-deuxième année, mais ne croyant pas que le titre confère la capacité, il crut devoir profiter de son extrême jeunesse, pour aller compléter son éducation médicale à Paris.

Dans cette capitale du monde savant, Berthollet n'avait ni connaissances ni recommandations : il lui vint à l'esprit de s'adresser à l'illustre Génevois Tronchin, disciple habile de Boerhaave, propagateur de l'inoculation, chéri du public et peu aimé de ses confrères. Tous deux étaient nés près des frontières de France, de familles également exilées par les guerres de religion. Tronchin accueillit avec bienveillance ce demi-compatriote, et, démêlant dès la première vue, sous les dehors simples et négligés, sous l'air franc mais grave du jeune Savoisien, la noblesse de son caractère et la vigueur de son esprit, il devint pour lui un second père. Tout-puissant auprès du duc d'Orléans, il appela sur Berthollet l'attention de ce prince, qu'un goût héréditaire rendait le protecteur naturel des savants. Son père, le Régent, au grand scandale de la cour de Louis XIV, avait travaillé personnellement aux expériences de chimie de Homberg. Le fils s'était occupé spécialement de minéralogie. Guettard, son guide dans tous ses travaux, était resté attaché à son successeur. Ce dernier admit en quelque sorte Berthollet au nombre de ses médecins ordinaires, en le faisant agréer comme médecin à madame de Montesson, et, pour mettre le comble à son bonheur, il lui donna un laboratoire et son préparateur. Dès cette époque, Berthollet avait publié, dans le *Journal de Physique*, et lu à l'Académie des sciences plusieurs mémoires sur l'air, sur les acides tartareux et sulfureux, etc. En 1779, conformément aux statuts de la faculté, qui ordonnaient à tout médecin étranger, voulant exercer à Paris, d'obtenir une seconde fois le doctorat, et quoique se trouvant exempt de cette formalité par le titre qui l'attachait à un prince du sang, il publia une thèse sur les *Propriétés médicales du Lait des animaux*. Ce sujet, où se donnaient rendez-vous les deux sciences favorites de l'auteur, et qui, à lui seul, exigerait toutes les ressources de la chimie la plus délicate, ne pouvait être qu'effleuré. D'ailleurs il était beaucoup au-dessus de la science incertaine, incomplète et fausse de ce temps. Cependant Lavoisier venait de frayer la voie, et, depuis 1777, proclamait l'immortelle découverte qui mettait au néant le Phlogistique de Stahl; mais personne encore ne voulait oublier ce qu'il avait appris et renoncer à ses faux dieux. Berthollet eût pu donner l'exemple de cette renonciation. De nombreuses expériences, qu'il ne cessait d'exécuter dans son cabinet, et dont il faisait part à l'Académie dans ses Mémoires, le rapprochaient étrangement des théories de Lavoisier par la presque identité des résultats, et Lavoisier, chargé des rapports, ne manquait jamais de faire voir combien tous ces phénomènes nouveaux s'accordaient avec sa doctrine. Telle est la puissance d'un préjugé une fois établi! telle est la résistance que la vérité trouve à s'introduire, même dans les meilleurs esprits! Berthollet, adaptant toujours à ses expériences ou les théories vulgaires ou quelques idées isolées, mitigées, tristes tempéraments entre la doctrine qui mourait et celle qui était impatiente de régner, parlait encore de phlogistique en 1785. Enfin pourtant l'évidence triompha, et Berthollet fit son abjuration, tardive, mais complète, mais solennelle, entre les mains de Lavoisier et devant toute l'Académie.

L'on ne compte pas moins de dix-neuf *Mémoires*, publiés avant cette époque par Berthollet : aussi, dès le 15 avril 1780, avait-il été nommé chimiste-adjoint, en remplacement de Bucquet, de préférence à Fourcroy et à d'autres candidats moins illustres. Le 23 avril 1785, l'Académie lui donna la place de Baumé, élu pensionnaire. Il avait été moins heureux l'année précédente dans un autre concours. Buffon, malgré les sollicitations du duc d'Orléans, lui avait préféré Fourcroy pour la chaire de chimie, que laissait vacante, au Jardin-du-Roi, la mort de Macquer. En revanche, Berthollet obtint le poste de commissaire pour la direction des teintures : ainsi ces illustres rivaux se partageaient l'héritage de leur vénérable prédécesseur, et, il faut le dire, le partage était justice. Des deux places qu'avait cumulées Macquer, l'une demandait un homme habile à manier la parole; à l'autre, il fallait un homme habile à manier les faits. Entraînés par le charme que Fourcroy, du haut de sa chaire, savait répandre sur les éléments les plus arides, des milliers d'auditeurs popularisèrent bientôt sur tous les points de l'Europe la chimie nouvelle de Lavoisier. On va voir ce que fit Berthollet.

La teinture, comme tant d'autres arts nécessaires ou utiles à la vie, est fille de la chimie; mais telle mère, telle fille. La chimie, après avoir été, pendant des siècles, un amas de doctrines extravagantes et d'énigmes sans mot, venait à peine de prendre la route du vrai. La teinture n'était qu'un amas de recettes incohérentes, burlesques, et par des opérations dispendieuses, n'arrivait, en dernière analyse qu'à des résultats mesquins. On peut en citer un exemple. Pour teindre les tissus, il faut commencer par leur donner la seule nuance qui puisse faire paraître les couleurs; il faut les blanchir. Avant Berthollet, cette opération était excessivement coûteuse. Des mois entiers et de vastes prairies étaient consacrés à ce préliminaire indispensable. Pour son début, Berthollet se rappelle que Scheele a reconnu, dans l'acide muriatique déphlogistiqué (aujourd'hui le chlore), la propriété de détruire les couleurs végétales, et il conçoit l'idée d'appliquer cette découverte au blanchiment des toiles. Touchée par le gaz (nous pouvons dès à présent employer les termes modernes), la toile blanchit en effet; mais sa blancheur ne se conserve pas. Réfléchissant alors à l'ensemble des phénomènes du blanchiment, à ces alternatives de lessives et d'exposition à l'air et à la lumière, qui étaient alors en usage, il conçoit que le gaz à lui seul et en peu de temps, agit comme l'air et la lumière en six mois, mais que la promptitude de cet agent ne détruit pas la nécessité des lessives. La solution du gaz décompose les matières colorantes; la lessive alcaline les détache et les emporte. Il faut donc combiner ces deux actions pour obtenir une blancheur durable. Alors naquit un art tout nouveau, qui a donné des richesses incalculables, non pas à la France seulement, mais à l'univers. Traités par le procédé Berthollet, le fil et les tissus revêtent un blanc plus éclatant et plus solide. Le nombre des lessives est moins grand et en conséquence la texture intérieure de l'étoffe moins fatiguée; l'agriculture a reconquis de vastes terrains perdus pour elle; enfin l'économie de temps, à elle seule, vaut annuellement des millions à tous les peuples dont l'industrie a su comprendre toute l'utilité de la méthode nouvelle. Aussi devint-elle en peu de temps d'un emploi universel et tellement populaire, qu'il enrichit de mots nouveaux le vocabulaire usuel. On appela ces établissements les blanchisseries berthollienncs; dans les ateliers, on dit *Bertholler, Berthollage*, et les ouvriers chargés de cette opération furent appelés *Bertholleurs*. Ces dénominations familières, qui gravent si profondément dans la mémoire des autres hommes le nom du grand homme, sont peut-être le sceau le plus authentique d'une gloire qui a mérité de devenir populaire. Celle de Berthollet en fut d'autant plus digne qu'il ne balança jamais un instant à faire jouir le public

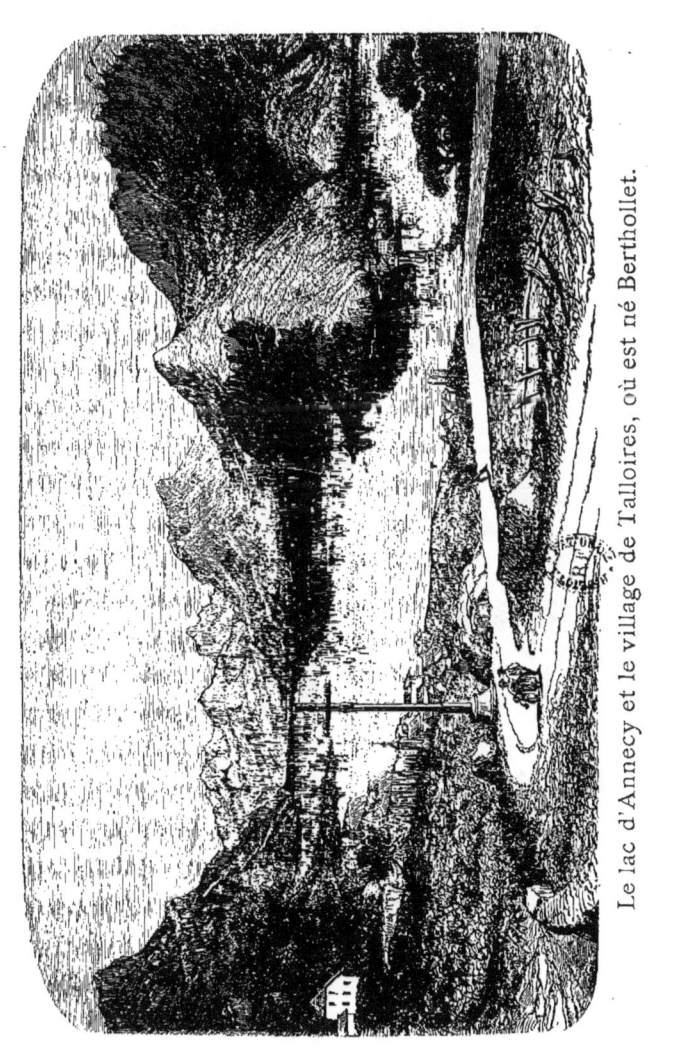

Le lac d'Annecy et le village de Talloires, où est né Berthollet.

des avantages de sa découverte. En vain des Français lui offrirent de prendre un intérêt dans les fabriques, auxquelles sa méthode donna naissance. En vain surtout les Anglais, qui, même avant nous, mirent à profit l'indication du chimiste français, voulurent lui en témoigner leur reconnaissance par de riches présents. Berthollet n'accepta qu'un paquet de toiles blanchies par son procédé.

Tandis que le monde s'enrichissait par l'application de plus en plus générale de l'agent recommandé par Berthollet, et qui déjà, grâce à de Born, blanchissait la cire, grâce à Chaptal, restaurait les vieux livres, les estampes, améliorait la pâte de chiffons, et transformait en papier très blanc les matériaux les plus communs, une découverte bien différente attirait l'attention de notre chimiste. C'est l'acide chlorique (l'acide muriatique suroxigéné, dans le langage du temps), ou plutôt ce sont les chlorates ; car personne encore n'avait analysé ces sels terribles. Mêlés au soufre, au phosphore, au charbon, à toutes les matières combustibles, ils éclatent avec plus de force que le salpêtre. Malheur à qui ose les triturer, les presser, les frapper ! Berthollet conçut l'idée de substituer le chlorate de potasse au salpêtre dans la composition de la poudre. On fait des essais à Essonne. Au premier choc des pilons, le moulin saute, et cinq personnes sont mises en pièces par l'explosion. Bientôt une composition, encore plus dangereuse, sortit des mains de Berthollet. En traitant par l'ammoniaque de l'oxyde d'argent précipité de l'acide nitrique par l'eau de chaux, il obtint ce terrible argent fulminant qui, pour éclater en l'air, n'a pas besoin, comme l'or fulminant, d'une légère élévation de chaleur, ou comme le chlorate de potasse, de percussion, de trituration. Une fois la préparation achevée, on est presque condamné à n'y plus toucher. Le moindre grain, resté dans un vase, peut tuer celui qui le frotterait; quelquefois, baigné encore par la liqueur, il éclate et fulmine spontanément. Est-ce à l'impossibilité de maîtriser ces agents d'une susceptibilité, nous dirions presque d'une irritabilité si vive, est-ce à la perspective des maux qui en pouvaient résulter pour l'humanité, qu'est dû l'abandon, à peu près complet, des idées que put inspirer un instant la nouvelle de ces merveilleux autant qu'effroyables phénomènes.

Toutefois, si quelque chose eût pu excuser ces inventions exterminatrices, c'était l'état où la France allait bientôt se trouver. La République acceptait le défi qui lui était porté par l'Europe; mais la République n'avait ni poudre ni armes pour les longues et gigantesques campagnes qui allaient s'ouvrir. Ce que jadis l'étranger fournissait à la France paisible et monarchique, l'étranger le refusait à la France cernée par la coalition étrangère. Il fallait donc tout tirer du sol. Heureusement Berthollet et Monge étaient là. Grâce à leur génie, la terre, dont le sein enfantait des héros, semblait aussi se transformer pour eux en salpêtre et en soufre. Un petit bataillon de chimistes, sous la direction des deux savants patriotes, se livrait aux travaux nécessaires pour fournir sans relâche à la prodigieuse consommation des quatorze armées de la République.

En 1797, le général en chef de l'armée d'Italie, qui,

pendant son court séjour à Paris, avait voulu être son élève en chimie, lui communiqua le secret de l'expédition d'Egypte, et lui déclara qu'il l'emmènerait avec Monge et tout un corps de savants, lui laissant le soin de choisir tous ceux qui feraient partie de cet immortel pèlerinage scientifique. On sait quels hommes d'élite se pressèrent autour des deux illustres amis. Aucun pourtant ne savait où il allait. *Je serai avec vous*, tel était le seul mot qu'il lui fût permis de dire à ceux qu'il enrôlait.

Des découvertes spéciales signalèrent la présence de Berthollet dans cette antique contrée, berceau d'Hermès, le patriarche des chimistes. L'examen du carthame, du henné, du pastel, n'est pour lui qu'un jeu : c'est à l'inspection des lacs de natron, qu'il sent s'élever ses pensées et grandir l'horizon de la science. Dans cette vallée, qu'enveloppent des sables, d'immenses masses de muriate de soude sur une couche poreuse de véritable craie (carbonate de chaux) se métamorphosent en carbonate de soude. Et nous aussi, s'écrie Berthollet, comme la nature, nous décomposerons le muriate de soude, si abondant en une foule de lieux, mais que l'on croyait indécomposable pour l'homme, et, par cette décomposition, nous aurons en immense quantité l'acide muriatique qu'exigent nos blanchisseries et la soude nécessaire à nos fabriques de verres, de savon ! Cette découverte, même en la réduisant à ce qui concerne l'extraction de la soude, jette annuellement des millions dans le commerce de la France.

Tous ces travaux achevaient de placer Berthollet à la tête des chimistes de l'Europe. Depuis longtemps et sans qu'il eût besoin de les solliciter, les honneurs étaient venus le trouver. Employé aux monnaies en 1792, professeur aux Ecoles normales en 1795, chargé de choisir et de recevoir les monuments d'Italie en 1796 et 1797, chef des savants français en Egypte, il fut, au retour, nommé sénateur et administrateur des monnaies, puis comte, grand-officier de la Légion d'honneur, grand'croix de l'ordre de la Réunion et titulaire de la sénatorerie de Montpellier ; la restauration même le fit pair en 1814. Tant d'honneurs ne lui ôtèrent rien de sa simplicité, qui avait tant plu à son protecteur, et l'empereur, comme le général, n'eut en lui qu'un ami, jamais un courtisan ni un flatteur. Napoléon le savait et le disait.

Les seuls motifs qui rendissent chère à Berthollet sa haute fortune, c'étaient la possibilité de se livrer sans cesse à sa science favorite, et l'éclat que son élévation jetait sur la science elle-même. Aussi la retraite dans laquelle il se plaisait à vivre fût-elle marquée par le noble patronage qu'il exerçait à l'égard des jeunes gens et par de nouvelles découvertes. Nous ne pouvons omettre de mentionner l'heureuse idée qu'il eut de charbonner l'intérieur des tonneaux destinés à conserver l'eau dans les navires. Le capitaine Krusenstern suivit cette indication dès 1815, et eut lieu de s'en féliciter. Cet expédient imaginé dans un cabinet de chimie à Paris sauva la vie à des marins dans le détroit de Behring !

Enumérer et apprécier en détail les travaux de Berthollet ne peut être ici notre but. Nous nous bornerons à citer la *Statique chimique*, son chef-d'œuvre, et ses *Eléments de l'Art de la Teinture* (2 vol.

in-8°, 1791), qui furent longtemps le manuel de tout fabricant visant à quelque chose de mieux que la routine, et qui ont eu le rare mérite d'inspirer des améliorations qui les ont dépassés. Pour le reste, nous renvoyons aux divers recueils scientifiques et à l'éloge prononcé par Cuvier.

Berthollet mourut à Arcueil, près Paris, le 6 novembre 1822 : il était alors âgé de soixante-quatorze ans. La douleur que lui avait inspirée la mort prématurée de son fils (en 1811) avait affaibli en lui les ressorts de la vie, et une haute question de philosophie chimique pouvait seule lui enlever passagèrement le sentiment de son malheur.

BICHAT
1771-1802

BICHAT (Marie-François-Xavier) naquit dans un village loin de Paris, à Thoirette, département de l'Ain, le 11 novembre 1771, de Jean-Baptiste Bichat, docteur en médecine, et de Marie-Rose Bichat. Il fut destiné dès son enfance à l'état ecclésiastique. Les premiers succès qu'il avait remportés au collège de Nantua le firent envoyer à Lyon dans un séminaire. Fils de médecin, Bichat n'obtint qu'à force de supplications, ce qui a fait le désespoir de plus d'un homme de génie, de ne pas être forcé à embrasser une autre profession que celle de son père.

Le séminariste de Lyon, libre enfin d'abandonner la théologie pour les études médicales, suit d'abord les cours d'anatomie et de chirurgie de Marc-Antoine Petit, chirurgien de l'Hôtel-Dieu de Lyon. Cet illustre et habile professeur, qui remarqua l'assiduité et le zèle du jeune Bichat, lui trouva bientôt assez de talent pour l'admettre à partager ses travaux et l'associer à son enseignement, avant sa vingtième année accomplie. Il était dans la destinée de Bichat d'être aimé de ses maîtres : mais jamais élève ne se montra plus digne de cette affection et de cette confiance. Bichat, parmi les plus grands génies de tous les pays et de tous les temps, est encore un des plus illustres modèles de dévouement et de reconnaissance!

Quand éclate une révolution à Paris, Lyon ne tarde pas à en ressentir le contre-coup. Toutes les horreurs de la guerre civile accablèrent cette malheureuse cité, à l'époque dite de *la Terreur*. Après le siège de Lyon où tant de victimes succombèrent, Bichat, échappé aux bombes des assiégeants et à la mitraille des agents révolutionnaires après leur victoire, parvint à gagner Paris, vers la fin de 1793.

Dans la foule des élèves que la renommée de Desault attirait à l'Hôtel-Dieu et que la puissance de son enseignement y retenait, Bichat ne pouvait pas tarder à mériter, comme à Lyon, l'attention du maître. Le hasard fournit bientôt au provincial nouveau-venu, l'occasion de se faire connaître.

Chaque jour, au cours de Desault, la leçon

commençait par un résumé analytique des documents présentés la veille. Le lendemain d'une leçon que le professeur avait consacrée à une dissertation sur la fracture de la clavicule, dont le traitement rappelait un des plus beaux titres de Desault en chirurgie, l'élève chargé de la récapitulation se trouve absent. Pour le remplacer, le chirurgien en second fait un appel aux nombreux auditeurs. Bichat se présente; et par l'exactitude de l'analyse qu'il donne, l'ordre qu'il conserve dans son résumé, la solidité de ses raisonnements, la finesse de ses vues qui, présentées avec modestie, tendaient à perfectionner le procédé et démontrait la puissance d'intelligence avec laquelle l'ensemble et les détails de la leçon avaient été saisis, le rapporteur improvisé révèle à ses condisciples toute sa supériorité. Desault, instruit de ce qui s'était passé dans cette séance mémorable, témoigna le plus vif désir de connaître Bichat. Quelques instants d'entretien suffirent à ces deux hommes, entraînés l'un vers l'autre par une sympathie si vive.

Desault l'adopta avec enthousiasme pour compagnon d'études, pour son émule et pour son ami, et traita comme son fils l'ancien élève de Petit : Bichat ne perdait pas au change.

Dans la nouvelle position qui lui était offerte, doué d'une grande facilité et s'appuyant déjà sur des études très étendues, Bichat eut conscience de sa force et n'eut plus qu'un désir, celui de justifier l'estime et la confiance que lui témoignait Desault. Pour donner une idée de son ardeur au travail, nous transcrivons cette citation de Buisson, qui fut lui-même un des élèves distingués de Bichat : « L'unique délassement que Bichat se permît, c'était de varier ses occupations. Outre le service de chirurgien externe qu'il faisait à l'Hôtel-Dieu, il était chargé de visiter tous les jours au-dehors une partie des malades de Desault, de l'accompagner partout pour le seconder dans ses opérations, de répondre par écrit à un grand nombre de consultations envoyées des départements, et lorsque la journée avait été employée à des travaux semblables, une partie de la nuit se passait encore à aider Desault dans ses recherches sur divers points de chirurgie. Cet illustre praticien avait entrepris un cours fort étendu sur les maladies des os. Avant chaque leçon, il devait être présenté une exposition méthodique de la doctrine des différents auteurs depuis Hippocrate, sur le point qui allait être traité. Bichat fut encore chargé de ce travail surajouté à tant d'autres. Sa facilité prodigieuse lui faisait trouver encore quelques moments de liberté, et ces moments si courts, il les employait soit à perfectionner par la dissection ses connaissances anatomiques, soit à s'exercer aux opérations, soit à discuter avec ses amis quelque point chirurgical ou physiologique.

Telles étaient les occupations qui absorbaient tous les moments de Bichat, lorsque une mort inattendue vint frapper Desault (1795). La vive et profonde douleur, dont Bichat fut pénétré par cette perte, ne s'exhala point en de stériles gémissements. La veuve de son maître et de son ami reçut de lui toutes les consolations du fils le plus tendre. Le fils de Desault, homme médiocre, fut traité comme un frère, par cet

L'hôpital BICHAT.

homme de génie, dont la piété vraiment filiale prépara pour l'illustre mort le plus beau monument. Dans le quatrième volume du *Journal de Chirurgie*, Bichat paya un premier tribut d'éloges à la mémoire de son maître et de son ami; mais bientôt il fit plus. Dans le monde médical, on savait que Desault n'avait point écrit, et deux volumes paraissent, deux ans après sa mort (1797), sous ce titre : *Œuvres chirurgicales de Desault, ou Tableau de sa Doctrine et de sa Pratique dans le Traitement des Maladies externes!* C'est le grand chirurgien qui revit par les souvenirs et les travaux de son élève.

Il reste bien peu de jours encore à Bichat pour accomplir sa glorieuse et courte carrière, mais il va marquer chaque année par d'immortelles œuvres. On peut déjà qualifier ainsi les *Mémoires* dont il enrichit, en 1796, le *Recueil de la Société médicale d'émulation*. Son brillant essor en physiologie et en médecine est marqué par le volume qu'il publie en 1799, sur les principes de Desault, pour faire suite aux deux volumes de 1797. Il avait commencé à professer, dans l'hiver de 1797, l'*anatomie* et la *chirurgie opératoire*. A ces deux cours, l'année suivante (1798), il en ajouta un de *physiologie*. Ce fut deux années après, que par son *Traité des Membranes* (1800), Bichat mérita de fixer l'attention de tous les savants français et étrangers. Ses *Recherches physiologiques sur la Vie et la Mort* (1800) n'eurent pas moins de succès; enfin parut l'*Anatomie générale appliquée à la physiologie et à la médecine* (1801); c'est là le grand titre de gloire de Bichat; œuvre capitale, immense progrès qui faisait concevoir de si brillantes espérances, sitôt détruites par une mort prématurée !

Dès l'année 1800, déjà premier médecin de l'Hôtel-Dieu de Paris, à vingt-huit ans, à l'âge où Napoléon s'était révélé le plus grand général du siècle, Bichat ne s'était pas montré moins grand en médecine qu'en physiologie. Il porta dans la pratique médicale cette même méthode d'observation et d'expérience qui l'avait fait marcher si rapidement dans les études physiologiques. On retrouve bien l'élève de Desault dans ces paroles que Bichat prononçait peu de temps avant d'expirer : « Si je suis allé si vite, c'est que j'ai peu lu. Les livres ne doivent être que le mémorial des faits : or, en est-il besoin dans une science où les matériaux sont toujours près de nous, où nous avons les livres vivants, en quelque sorte, les morts et les malades? » Il ne faudrait pas cependant adopter ces paroles dans un sens trop exclusif. Comment renoncer à étudier les livres de Bichat lui-même !

Le vaste génie de Bichat lui permettait d'entreprendre et de mener de front tous les travaux qui auraient paru exiger les facultés de plusieurs hommes supérieurs. Il était l'homme capable de faire comprendre à Desault que l'union de la médecine et de la chirurgie n'était pas un fléau pour la science. Il avait commencé un traité d'*anatomie descriptive* qui fut achevé par deux de ses élèves les plus distingués, Buisson et Roux. Toujours infatigable, il voulait aussi, d'après sa méthode, donner à la matière médicale l'exactitude qui lui manquait. Il se proposait d'étudier isolément l'influence des médicaments sur les propriétés vitales, ensuite de les administrer deux à deux, trois à trois, en notant les effets de leurs combinaisons. Quarante jeunes gens le secondaient dans cette entreprise, qui fut le sujet d'un cours qu'il ne put terminer.

Les qualités morales de Bichat le faisaient aimer autant qu'on l'admirait. Toujours disposé à recevoir les objections, il se rendait sans peine quand elles lui paraissaient raisonnables : sa bonté naturelle, la douceur de son caractère lui permettaient d'écouter sans impatience même celles qu'il n'adoptait pas. Bichat avait conservé un sentiment si vrai et si profond de reconnaissance pour les bienfaits de ses deux maîtres, Marc-Antoine Petit et Desault, qu'il se faisait un devoir d'agir de même avec ceux de ses élèves que leur peu de fortune pouvait arrêter dans leur carrière. Son désintéressement, sa générosité achevaient de lui gagner les cœurs. Il faisait d'ailleurs un bon choix dans ceux qu'il admettait à son intime confiance. Tous les jeunes étudiants dont il s'était entouré devaient se placer un jour parmi nos plus illustres maîtres.

Les étrangers ne l'estimaient pas moins que ses compatriotes. Le dernier élève de la grande école de Leyde, le célèbre Sandifort, avait déjà dit : « Dans six ans votre Bichat aura dépassé notre Boërhaave ! » Aussi que de regrets à sa mort!

Ce fut au moment où il allait triompher de tous les obstacles, lorsqu'il se proposait d'enseigner en même temps les cinq branches fondamentales de l'art de guérir (anatomie, physiologie, médecine, anatomie pathologique et matière médicale), qu'une chute dans l'escalier de l'Hôtel-Dieu détermina chez lui une fièvre putride-maligne, dont il puisait d'ailleurs continuellement le germe dans ses innombrables dissections (en six mois, il ouvrit plus de six cents cadavres) et dans les amphithéâtres où il ne cessait de surveiller, même pendant l'été, les pièces d'anatomie pathologique soumises à la macération. Il succomba entre les bras de sa mère d'adoption, de la veuve de son ancien maître, le 3 thermidor an x (22 juillet 1802).

Corvisart, âme noble et sans envie, écrivit au Premier Consul, lorsque Bichat eut rendu le dernier soupir : « Bichat vient de mourir... Il est resté sur un champ de bataille qui veut aussi du courage et qui compte plus d'une victime. Personne en si peu de temps n'a fait tant de choses et aussi bien !... » Ce fut le Ministre de l'Intérieur qui reçut la réponse du Premier Consul à cette lettre de Corvisart. On voit encore à l'Hôtel-Dieu la table de marbre portant les noms réunis de DESAULT et BICHAT ! La ville de Paris a depuis donné le nom de Bichat à l'une de ses rues. Le département de l'Ain lui a consacré un monument : David a fait son buste. Mais ce n'est pas assez, la France lui doit un immortel souvenir de reconnaissance.

BEAUJON
1718-1786

Beaujon brillait entre les princes de la finance dans le dix-huitième siècle; la fortune l'a comblé, accablé de ses faveurs, et, comme il les laissait volontiers partager par son entourage, les courtisans ne lui ont pas manqué, même parmi les grands noms, à lui anobli de la veille; il vécut au sein du luxe et des plaisirs; tous les honneurs, toutes les dignités que l'opulence pouvait accumuler sur une tête, il les a recueillis; il a été conseiller d'Etat à brevet, trésorier et commandeur de l'Ordre de Saint-Louis, conseiller-secrétaire du roi, receveur-général des finances de la Généralité de Rouen, banquier de la Cour; et néanmoins, si Beaujon n'avait été que cela, il n'obtiendrait peut-être pas un souvenir de la postérité. Mais Beaujon avait, au plus haut dégré, une qualité qu'il faudrait souhaiter à tous les élus de la fortune; il donnait facilement et grandement, en homme qui a dû savourer la bienfaisance avec délices; il a été chercher le malheur et la misère dans les classes les plus intéressantes et les plus abandonnées; il a fondé une maison pour y entretenir des enfants pauvres et orphelins, et, grâce à cette fondation, son nom est resté dans la mémoire du peuple.

Beaujon (Nicolas) naquit à Bordeaux, en 1718, d'une famille commerçante. Un de ses frères devint avocat-général à la Cour des Aides de cette ville. Quant à lui, actif, intelligent, laborieux, il se fit promptement une fortune qui déjà passait pour considérable. On peut se former une idée de l'importance de ses affaires par la mission qu'il reçut de procurer du blé à la ville de Bordeaux dans un moment de disette. Mais cette mission, dont l'effet ne fut pas aussi prompt qu'on l'espérait, le rendit suspect au Parlement, qui voulut sévir contre lui. Obligé de fuir, il vint se réfugier à Paris, où le Gouvernement le prit sous sa protection, et lui confia diverses opérations financières qui lui permirent d'amasser d'immenses richesses.

C'est là à peu près, outre les charges qu'il a occupées et la fondation de l'hospice du Roule, tout ce que les biographes rapportent au sujet de Beaujon. Le plus explicite d'entre eux se contente de dire qu'il jouit de sa fortune en épicurien recherché, mais modeste et paisible. Cette rareté de détails sur un homme qui dut souvent attirer tous les yeux, est une chose surprenante et dont on a peine à se rendre compte. Est-ce dans l'intérêt de Beaujon qu'une sorte de voile officieux recouvre ainsi sa vie intime? A-t-il été plus qu'un épicurien modeste et paisible, alors que les premières classes de la société succombaient si facilement à la séduction des exemples de dissolution qui descendaient du trône même? Nous ne savons; mais disposés à beaucoup pardonner à qui a beaucoup donné, il nous répugnerait de sortir de l'incertitude dans laquelle nous laissent les biographes de Beaujon, pour montrer, à l'aide d'inductions plus ou moins justes et de témoignages incomplets ou sans autorité suffisante, qu'il ne traversa pas impunément les délires d'une époque où régna la sensualité la plus effrénée...

Il est d'ailleurs à remarquer qu'aucun effort ne paraît avoir été fait pour attirer sur les bonnes actions de Beaujon un jour plus éclatant. Il y a là encore ample matière à surprise; mais cette fois sa réputation ne peut qu'en profiter. Eh quoi! voici un homme qui a fondé un hospice, et qui l'a magnifiquement doté, sans que les journaux du temps daignent en faire mention! Eh quoi! il n'a pas sollicité toutes les trompettes de la publicité, telle qu'elle existait alors, pour qu'on proclamât sa générosité; il n'a pas fait célébrer ses louanges sur tous les tons par les cent voix de la renommée! Assurément c'est là un fait que nous ne croyons pas pouvoir trop louer, et nous cédons vivement au plaisir de le signaler comme éminemment digne d'estime et d'imitation, bien qu'il nous ait préparé de plus rudes labeurs dans la tâche de raconter les bienfaits de Beaujon.

La pensée d'élever un hospice fut conçue par lui plusieurs années avant de l'exécuter, car le premier contrat d'acquisition des terrains qu'il acheta à cet effet, dans le haut du faubourg du Roule, date de 1781. Les travaux furent commencés et achevés entièrement entre le mois de mars 1784 et le mois d'août 1785.

L'architecte Girardin, dont Beaujon avait déjà eu occasion d'apprécier le talent distingué, donna les dessins sur lesquels le bâtiment fut construit. Mesurant trente-deux mètres de façade sur quarante-huit de profondeur, il présente quatre corps de logis qui embrassent une cour carrée un peu plus longue que large. Les façades, à l'intérieur et à l'extérieur, sont composées de trois étages d'un style élégant et uniforme. Deux escaliers principaux s'élèvent circulairement à droite et à gauche du corps de logis du fond. La manière dont ils sont éclairés par le milieu de la coupole qui couvre leur cage, la beauté des rampes, la richesse des paliers parquetés en morceaux de marbre figurant une étoile, leur commodité, leur légèreté et la hardiesse de leur construction, tout y est un sujet d'admiration. Nous avons appris sans être étonné, en visitant l'hospice du Roule, qu'au moment d'ôter les étais employés pour la pose des marches de ces escaliers, le maître charpentier n'avait pas osé entreprendre cette opération, de peur d'être écrasé avec ses ouvriers, sous une masse qui semble réellement ne tenir en l'air que par enchantement. Tout, au reste, a été construit d'une façon qui prouve que Beaujon était homme de goût. Plusieurs salles sont ornées de boiseries en chêne travaillées avec art. Les meubles sont à l'unisson des lambris. Les cuisines et la buanderie ont des bassins et des auges en marbre de Sienne. Tous les vases et les ustensiles de la pharmacie ont été fabriqués exprès, aux armes de Beaujon, avec un soin tout particulier. Bref, rien n'a été épargné pour cet hospice, qui fut vraiment bâti avec luxe; et s'il y resta d'abord quelque chose à désirer dans la solidité de certaines parties, c'est l'avidité de l'entrepreneur de la maçonnerie, et non la parcimonie du fondateur, qu'il faut en accuser.

De l'autre côté de la rue, un peu plus haut que l'hospice, l'architecte Girardin avait édifié une chapelle, dédiée à saint Nicolas, patron de Beaujon, et dépendant de la splendide villa que celui-ci appelait sa *Chartreuse*. Les dégradations qu'a subies cette chapelle n'empêchent pas d'y reconnaître un chef-d'œuvre de goût et d'élégance. Elle s'annonce heureusement au dehors par la belle simplicité et l'harmonie de son portail. Dans son enceinte, où la lumière descend par une lanterne carrée, deux rangs de colonnes séparent la nef des galeries latérales. La nef conduit à une rotonde entourée de colonnes qui prend aussi son jour d'en haut, et dont le centre est occupé par un autel en marbre blanc. Beaujon renonça à la propriété de cette chapelle pour en gratifier, ainsi que de tous les vases, ornements et objets nécessaires au culte, l'hospice qu'il avait fondé.

Cet hospice devait recevoir vingt-quatre enfants des deux sexes, en nombre égal, depuis l'âge de six ans jusqu'à douze, choisis parmi les orphelins et les plus pauvres de la paroisse du Roule. Beaujon, après leur avoir donné un asile, constitua une rente perpétuelle de 25,000 francs pour faire face à tous les frais de leur entretien et de leur éducation. M. de Lamoignon, président au Parlement, et le curé de la paroisse, étaient chargés de l'administration de la maison. Enfin, il fut arrêté que deux bourses seraient fondées à l'école gratuite de dessin, dont on pourrait faire usage annuellement pour six garçons, afin de leur faciliter les moyens d'apprendre un métier à leur sortie de l'hospice.

Mais cet hospice, à qui Beaujon avait eu la modestie de ne pas imposer son nom, pour le placer sous l'invocation de saint Nicolas, ne resta pas longtemps dans les conditions de sa fondation. Supprimé par un décret de la Convention, du 6 novembre 1794, il fut, par un autre décret du 17 janvier 1795, transformé en un hôpital pour les malades. En 1801, le conseil général des hospices lui rendit le nom de Beaujon, que la voix publique lui avait donné dès l'origine. Le nombre des places, d'abord de 100, y fut porté à 232 par des augmentations qui datent de 1815 et de 1831. Cependant on trouvait que les lits étaient trop pressés et surtout qu'il fallait en élever encore le chiffre, pour répondre aux besoins des classes indigentes. En conséquence, quatre pavillons nouveaux ont été construits depuis 1836, suivant les règles de la plus sage hygiène; et cet hôpital, dont les deux plus belles salles, consacrées à la chirurgie, portent les noms de Beaujon et de Nicolas, en mémoire du fondateur, peut aujourd'hui contenir 400 malades.

L'hôpital Beaujon était regardé, à juste raison, comme un des plus sains, des mieux aérés et des plus agréablement situés de Paris. Les communications entre les divers corps de bâtiments étaient nombreuses et commodes. La réunion des offices, dans les quatre rez-de-chaussées de l'édifice primitif, rendait le service aussi prompt que facile. Une concession d'eau, que Beaujon avait acquise des propriétaires de la pompe à feu de Chaillot, satisfaisait abondamment à toutes les exigences de la maison. Des galeries ouvertes et fermées permettent aux convalescents de se promener en toute saison et par tous les temps.

Beaujon avait encore une vertu qu'il portait aussi loin que la générosité, et qui inspira souvent celle-ci : c'est la reconnaissance. Son testament en offre presqu'à chaque ligne une preuve éclatante. Ses domestiques et ceux de sa femme, qu'il avait gardés chez lui, même lorsque cette dernière fut morte, y figurent pour la somme de 576,000 fr., argent comptant, et pour 10,960 fr. de rentes viagères. En outre, il légua la nue-propriété de son hôtel de Fontainebleau à la veuve d'un de ses anciens valets de chambre. Son chirurgien et un autre de ses valets de chambre eurent aussi la nue-propriété d'une maison située à Paris, rue du Dauphin. Il légua enfin son hôtel de Compiègne, avec tous les meubles, sans distinction, à deux autres de ses domestiques.

Les legs divers qu'il fit, soit à des amis, soit à des parents, soit à des personnes qui l'avaient obligé, s'élèvent à 2,814,000.

Une somme de 66,000 fr. devait être distribuée aux pauvres de la paroisse de la Madeleine et de la paroisse du Roule à Paris, du village d'Issy, où Beaujon avait eu une maison de campagne, et de la paroisse de Saint-Pierre, sur laquelle il était né, à Bordeaux.

L'hospice du Roule, son œuvre de prédilection, ne fut pas oublié; il lui assigna une somme de 250,000 fr., et il voulut qu'une autre somme de 300,000 fr. fût employée à fonder ou à augmenter des institutions de bienfaisance à Bordeaux et à Paris.

L'Académie de Bordeaux reçut sa bibliothèque, qui

dut lui être envoyée aux frais de la succession du testateur.

Beaujon n'ayant pas d'enfants issus de son mariage, le reste de son immense fortune fut recueilli par ses deux frères, comme légataires universels, avec charge de substitution en faveur d'une nièce et d'un neveu.

Beaujon, qui survécut trois mois juste à ce testament, mourut le 30 décembre 1786, ainsi que l'atteste sa pierre sépulcrale placée dans la chapelle qu'il avait fait bâtir, et où son corps fut enseveli.

Il y a une chose qu'il faut encore reconnaître à l'honneur de Beaujon : ce n'est pas, comme on pourrait le croire par la date de la fondation de l'hospice du Roule et par ses libéralités testamentaires, dans ses dernières années seulement, en vue d'une mort prochaine, quand le besoin des réparations et des expiations parle plus hautement, quand on renonce sans beaucoup de peine à des richesses dont on cessera bientôt de jouir... ce n'est pas seulement alors, disons-nous, qu'il se montra généreux et bienfaisant. Non ; à toutes les époques de sa vie, il avait aimé à donner, et partout où il avait habité, à Bordeaux, à Issy, sur la paroisse Saint-Roch à Paris, sur celle de la Madeleine, enfin, sur celle du Roule, il avait souvent intéressé les pauvres à sa grande fortune.

CHAPTAL
1756-1832

CHAPTAL (Jean-Antoine), comte de Chanteloup, né le 5 juin 1756, à Nozaret (Lozère), avait lu quelques livres de médecine et d'histoire naturelle chez son père. De Mende, où il fit de brillantes études sous les Doctrinaires, le pressentiment de sa destinée scientifique le conduisit à Montpellier, la Salerne moderne. Sous les auspices d'un oncle, médecin fort riche, qui l'institua son unique héritier, il étudia la médecine, et, comme accessoires, l'histoire naturelle et la chimie. La dernière surtout le captiva. Docteur en 1777, il vit sa thèse de réception jouir de l'honneur, inusité pour une thèse, de deux nouvelles éditions. Paris ne pouvait manquer de l'attirer. Il y passa quatre ans, suivit les cours du chimiste Sage; mais, tout en se vouant alors à une spécialité, il ne rompit ni avec les sciences médicales ni surtout avec la littérature. Avec Cabanis, il fréquentait les Delille, les

Roucher, les Fontanes, et, dans leur conversation, il puisait l'habitude de cette élocution élégante, facile et nette, qui doit être le caractère de la science, lorsqu'elle se traduit par le langage pour l'instruction publique : aussi, lorsqu'en 1781 Chaptal alla remplir à Montpellier une chaire de chimie, qui fut créée pour lui à son insu, fut-on étonné de la perfection soutenue avec laquelle le professeur exprimait les abstractions les plus hautes, les détails les plus arides.

Alors commença, dans le midi de la France, la popularité d'une science jusque-là reléguée dans les pharmacopées. Chaptal seconda cet essor par la publication du *Tableau analytique* de son cours (1783) et par celle des *Eléments de Chimie* (1790). Cet ouvrage est le premier qui ait présenté, dans un cadre un peu vaste, l'ensemble des connaissances chimiques d'après le nouveau système et avec la nouvelle nomenclature. Il s'en répandit en moins de quinze ans seize mille exemplaires. Mais le trait essentiel des talents de Chaptal, c'était le besoin des applications. Selon lui, la science, sous peine d'être stérile, doit être utile. Enrichi récemment par un héritage de 300,000 fr , Chaptal donnait le précepte et l'exemple. Il établissait à Montpellier de vastes fabriques, multipliait les essais, donnait à la France ce qu'elle tirait jadis de l'étranger, à l'humanité des produits dont jusqu'alors la nature s'était réservé le secret. Ainsi naquit chez nous la fabrication de l'acide sulfurique, de l'alun artificiel, et de la soude factice, qui ont opéré une révolution dans les arts. Les Etats de Languedoc, dont l'administration fut justement célèbre, sentirent tout le prix de ces travaux. Chaptal devint près d'eux comme le dictateur des arts utiles. Pas une mesure n'était prise sur l'agriculture, les fabriques et le commerce, sans qu'il fût consulté. En 1787, ils obtinrent pour lui le cordon de Saint-Michel et des lettres de noblesse; mais, dès lors, le vrai titre de noblesse pour Chaptal, c'était que l'on ne pouvait citer dans le Midi d'industries notables qui ne lui dussent des améliorations directes. L'Espagne ouvrit les yeux sur ces miracles d'un nouveau genre, exécutés à ses portes. Le chimiste français reçut l'offre d'un premier don de 200,000 fr. et de 36,000 fr. de pension annuelle, à la condition de transporter au-delà des Pyrénées les industries qu'il avait créées dans le Languedoc. Chaptal répondit à la lettre signée : *Yo el Rey,* ce qu'il répondit plus tard à trois lettres de l'immortel Washington, qui, sans doute inspiré par Franklin, invitait le savant de Montpellier à aller dans les Etats-Unis d'Amérique appliquer la plus féconde des sciences aux arts naissants du Nouveau-Monde : il refusa de quitter sa patrie, qui, bientôt peut-être, aurait besoin de tous ses enfants.

Dès le commencement de la grande et sanglante crise qui transforma si profondément la France, Chaptal, en gémissant sur tant de meutres chaque jour renouvelés, s'était consacré à la patrie. Du fond des prisons, où il avait été jeté comme fédéraliste, à Paris, il répondit à l'appel du Comité de salut public qui demandait aux savants la poudre, les armes, les projectiles nécessaires pour repousser l'invasion ; il s'associa pour cette œuvre patriotique à Berthollet et à Monge, noble triumvirat sans lequel la bravoure des armées aurait été un rempart inutile. Bientôt, dans cette France qui naguère ne fabriquait de la poudre qu'avec des matières tirées de l'Inde, alors fermée pour elle, les grands ateliers de Grenelle, dont Chaptal était directeur, fournirent par jour trente-cinq milliers de poudre ou de salpêtre.

Peu après commencèrent les cours réguliers de l'école Polytechnique. Chaptal, dont on ne peut méconnaître l'influence dans la grande pensée de Monge, fut chargé de la chimie végétale. La multitude et la variété des applications qu'il faisait entrevoir, en détaillant les principes, avaient produit une impression profonde chez ses jeunes auditeurs. C'est alors qu'on lui confia la réorganisation de l'école de Montpellier, puis la chaire de chimie de cette école. En même temps il siégeait dans l'administration de l'Hérault. Mais son choix était fait : les sollicitations de ses amis, ses nouvelles relations, tout le déterminait à se fixer dans la capitale. Il monta dans les environs de Paris des ateliers dans le genre de ceux qu'il laissait à Montpellier ; et, comme dans cette ville, berceau de sa réputation, à côté des fabrications déjà connues, il multiplia les essais qui devaient en faire naître de nouvelles. C'est à lui qu'est due la naturalisation du fameux rouge d'Andrinople ; c'est lui qui, aux pouzzolanes d'Italie, substitua les terres ocreuses ; c'est par lui que la fabrication de la soude rendit des services à l'agriculture et à l'industrie de la France. A la première exposition des produits industriels, en 1798, il eût obtenu, lui aussi, la médaille d'or, s'il n'eût été au nombre des juges du concours. L'Institut, dont cette même année il fut membre ordinaire, et qui, dès sa formation, l'avait compté parmi ses associés, l'entendit lire des Mémoires sur un grand nombre de sujets que la chimie livre aux manufactures : tels furent entre autres ceux qui décrivent ou exposent la fabrication de l'acétate de cuivre ou verdet cristallisé, la teinture du coton, l'usage des oxides de fer, le mordant pour la couleur rouge et la couleur jaune des végétaux, l'analyse de l'alun, des vues générales sur la formation du salpêtre, vues auxquelles il avait préludé par son *Tableau des Salpêtres et du Goudron* (1796), enfin le *Tableau des principaux sels terreux et substances terreuses* (1798). Son bel *Essai sur le perfectionnement des arts chimiques en France* (1800) contenait ou le résumé ou le germe de toutes ces recherches, et achevait de donner à son nom une célébrité européenne. Mais déjà le premier consul l'avait appelé au conseil d'Etat. Pour coup d'essai, il lui confia l'instruction nationale. Le plan de Chaptal, pour améliorer et compléter le système des écoles, obtint l'assentiment du grand homme. Plusieurs des lacunes profondes qu'il signalait furent comblées; des institutions qu'il proposa pour répandre les connaissances utiles aux arts, les unes furent fondées par lui-même, les autres furent réalisées plus tard.

En janvier 1800, la retraite de Lucien Bonaparte laissa vacant le portefeuille de l'intérieur. Chaptal y fut nommé d'abord par *intérim,* puis définitivement. Alors il put développer sur une large échelle, dans la France entière, ce qu'il avait essayé dans l'étroite enceinte du Languedoc; alors on vit ce que c'est que le pouvoir réuni aux lumières et à l'activité. Secondé par les Rœderer, les Crétet, les Fourcroy, les Français de Nantes, le nouveau ministre compta en quelque sorte chaque jour de sa trop courte administration par des bienfaits durables.

Les conseils généraux des départements, novices encore, reçurent une direction. La police des ateliers, les livrets des ouvriers, les chambres de commerce, les chambres consultatives des arts et des manufactures, naquirent, offrant en même temps des ressources, des garanties et des intermédiaires précieux entre les intérêts publics et l'autorité. Les bourses de commerce furent établies, multipliées. D'habiles artistes anglais apportèrent en France quelques-unes de ces machines qui ont décuplé la puissance de la Grande-Bretagne et le bien-être de l'humanité. Le ministre en proposa l'adoption à tous les maîtres d'ateliers français, institua des concours, promit des prix, créa dans le Conservatoire des arts et métiers, avec d'admirables collections, un enseignement spécial des procédés nouveaux. La première école spéciale d'arts et métiers, créée à Liancourt par Larochefoucauld, fut protégée et transférée à Compiègne. La Société d'encouragement de l'industrie nationale reçut une subvention, qui a été longtemps sa ressource principale. L'exposition des produits de l'industrie devint périodique, ainsi que les récompenses dont il voulut qu'elle devînt l'occasion. Les mines, usines, salines, les tourbes, les approvisionements, la circulation des grains attirèrent aussi sa vigilance. Il appuya de toutes ses forces l'établissement du système des poids et mesures. Il voulut que tous les plants de vignes qui peuvent supporter la température de Paris fussent réunis dans les pépinières du Luxembourg. Lui-même, au milieu de tant de travaux, ne dédaigna pas de publier l'*Art de faire, de gouverner et de perfectionner les vins* (1801), bientôt suivi du *Traité théorique et pratique sur la culture de la vigne* (1801), deux ouvrages qui ont changé et amélioré la vinification en France, et l'*Essai sur le Blanchiment* (1801).

Il fit plus : aussi simple au ministère que dans le professorat, il visitait les ateliers, causait avec les fabricants, applaudissait aux découvertes, aux perfectionnements, donnait des conseils, souvent aussi donnait des primes, des encouragements, des avances. Son suffrage doublait le prix des dons. Une impulsion, non moins forte, partie, on doit l'avouer, de la main du premier consul, accéléra les travaux publics, longtemps en proie à une stagnation désolante. Cent routes, à peine viables, se rouvrirent au commerce et aux voyageurs. Les quais de Paris, des ponts sur la Seine, sur le Rhône, sur tous les grands fleuves de France; la dérivation de l'Ourq vers la Seine; de nombreux canaux ouverts, réparés, prolongés ou achevés; une législation complète pour l'entretien de la navigation fluviatile, présageaient au pays une ère nouvelle. Les premières mesures pour l'achèvement du Louvre, pour la création du Musée Napoléon, pour la place et les monuments de la Bastille, pour les rues de Rivoli, de Castiglione, du Mont-Thabor, remontent aussi au ministère de Chaptal.

Tous ces actes déposent des lumières ainsi que du zèle du ministre. Mais ce qui honore son cœur en même temps que son esprit, c'est le soin qu'il mit à relever les établissements de bienfaisance. Par lui furent liquidées les dettes qui écrasaient les hospices; des quêtes, des parts dans les produits de l'octroi, diverses cessions de rentes et de domaines leur constituèrent un nouveau patrimoine. Par ses soins le régime paternel remplaça l'entreprise ; les sœurs de charité reparurent près du lit des malades ; des améliorations dans le logement, le coucher et le régime alimentaire diminuèrent un peu l'horreur des classes nécessiteuses pour ce séjour de douleur. De plus, il régla l'administration, la comptabilité de ces établissements ; il prescrivit les soins dus aux enfants abandonnés ; il fonda le conseil général et gratuit des hospices de Paris. Il ne négligea rien pour la propagation de la vaccine et créa la *Société de Vaccine,* si longtemps présidée par le vertueux Larochefoucauld-Liancourt. Il institua les élèves sages-femmes à la Maternité, organisa les élèves de pharmacie, réorganisa les monts-de-piété. Il introduisit les ateliers de travail dans les prisons, et songeait à en améliorer le régime. Sur sa proposition, les orphelins de Filangieri furent élevés aux frais de l'Etat dans le prytanée français.

Quand le premier consul ceignit la couronne impériale, Chaptal donna sa démission (1805), moins par opposition, que parce qu'il avait la conscience d'avoir beaucoup et bien agi, et pour se livrer sans partage à la science. Il ne consentit à revenir au pouvoir qu'en 1813, aux jours de malheur, comme commissaire extraordinaire à Lyon, pour prévenir l'invasion, et, en 1815, comme directeur du commerce et des manufactures. C'est alors que, dans le plus noble langage, il proclama devant le chef des Cent jours le besoin d'institutions mutuelles consenties entre la nation et le prince. De 1805 à 1814, Chaptal avait été Sénateur, et de plus Trésorier du Sénat. Louis XVIII, en 1814, changea le premier de ces titres en celui de Pair; mais la seconde Restauration, en 1815, ne lui rendit pas ce titre.

Rentré sans plainte ni regret, dans ses magnifiques domaines de Chanteloup, Chaptal, sous la Restauration, comme sous l'Empire, s'y livra avec l'ardeur de la jeunesse à ces belles applications industrielles qui ont presque permis à la France de se passer des richesses équatoriales. La culture du pastel et de la betterave est de ce nombre. Si nous consommons aujourd'hui des sucres indigènes, il faut songer que nous devons cette innovation et ce bienfait à Chaptal. On est heureux de penser que cet immense service rendu à l'industrie française n'a pas été improductif pour son auteur. Grâce à ses judicieuses innovations, et à l'introduction d'un troupeau de douze cents mérinos à laine superfine qu'alimentaient les résidus de la fabrication saccharine, une terre de 14,000 fr. de revenu en rendit bientôt 50,000 de produit net, et Chaptal ne faisait mystère ni de ses gains ni de ses procédés : il les publiait, les enseignait à tous de vive voix et par écrit (*Mém. sur le Sucre de Betteraves*, 1815). Après avoir mis au jour sa *Chimie appliquée aux Arts* (1807), l'*Art de la Teinture du coton en rouge* (1807), l'*Art du Teinturier*, etc., il publiait encore son *Tableau de l'Industrie française* (1819), la *Chimie appliquée à l'Agriculture* (1823), ouvrages qui ont été longtemps les manuels des fabricants. La *Chimie appliquée aux arts* a été traduite dans toutes les langues de l'Europe. Les mémoires de l'Institut, les annales de chimie, le nouveau dictionnaire d'agriculture, la nouvelle édition du Théâtre d'agriculture d'Olivier de Serres s'enrichissaient des articles de Chaptal.

On concevra facilement qu'à la Chambre et hors de la Chambre, Chaptal était membre indispensable de toutes les commissions relatives aux lois sur le commerce, les fabriques et l'agriculture. Souvent il fit les rapports. En 1828 et 1829, ce fut lui qui émit les opinions les plus remarquables sur les pétitions des propriétaires de vignobles. De 1819 à 1830 il prit ainsi part à tout ce qui intéressait le pays. Les 30 millions à prêter au commerce l'occupèrent encore après la révolution de Juillet, alors que déjà l'on regrettait de ne plus voir chez Chaptal qu'une « voix qui tombe et une ardeur qui s'éteint ». De cruels chagrins s'étaient unis à la vieillesse pour l'abattre : sans plainte, sans ostentation, il sacrifia sa fortune pour des dettes qui n'étaient pas les siennes. Sa femme et sa fille, dignes d'un tel époux et d'un tel père, l'entourèrent des plus tendres soins dans cette position douloureuse : son vieux domestique lui resta fidèle, comme aux jours de prospérité. Le comte Chaptal mourut le 30 juillet 1832. Le vertueux serviteur, pour lui payer un dernier tribut, voulut que les discours prononcés sur sa tombe et les nécrologies dont il fut l'objet, fussent réunis et imprimés à ses frais. C'est de ce recueil que sont tirés tous les faits de cet article.

A la salle d'asile.

COCHIN (Jean-Denis-Marie)
1789-1841

Issu d'une famille où le talent, la probité, la bienfaisance, sont héréditaires, COCHIN (Jean-Denis-Marie), né le 14 juillet 1789, n'eut dans ses premières années que de beaux et honorables exemples sous les yeux. Il grandit au milieu de ces traditions domestiques qui lui rappelaient que son bisaïeul Henri Cochin avait été l'honneur du barreau français; que son aïeul était ce vertueux conseiller d'Etat d'après l'avis duquel Louis XV opinait toujours avec tant de confiance en disant : *Je suis de l'avis de M. Cochin;* enfin que son grand-oncle, Jean-Denis Cochin, curé de Saint-Jacques-du-Haut-Pas, avait fondé l'hospice qui porte son nom. Ces traditions, ces souvenirs, joints à l'exemple plus rapproché de son père, qui fut maire du douzième arrondissement et député de Paris, furent pour le jeune Denis-Marie Cochin des engagements à continuer cette suite de citoyens si distingués, si utiles, si vénérables sous tous les rapports.

Au sortir de ses études, il se destina au barreau. La Restauration le trouva titulaire d'une charge au conseil du roi et à la cour de cassation, il avait alors vingt-six ans, et se fit bientôt remarquer par une grande facilité d'élocution, jointe à un esprit droit, élevé, nourri de connaissances positives et variées. A trente ans, il s'unit à une famille où le talent et l'esprit étaient aussi des dons héréditaires : il épousa mademoiselle Benoist, dont le père avait, sous l'Empire, servi l'Etat dans la haute administration, comme il le servait alors au conseil d'Etat et à la tribune représentative, et dont la mère, immortalisée sous le nom d'Emilie par le poète Demoustier, fut, comme peintre, la digne élève de David et de madame Lebrun.

Père de deux fils, entouré d'une clientèle nombreuse, appuyé de l'influence d'un père et d'un beau-père également favorisés de tous les avantages d'une haute position sociale, Denis-Marie Cochin n'avait plus rien à désirer; il était au comble de cette félicité, dont la longue durée n'est point dans les destinées humaines. Aussi, après un petit nombre d'années, vit-il mourir dans ses bras la compagne de sa vie, la mère de ses enfants.

Accablé longtemps de ce coup, il trouva dans la religion, dans ses devoirs de père, des motifs de supporter la vie; mais son âme tendre avait besoin de se répandre au dehors, et, il se consacra tout entier à l'utilité publique, spécialement à des œuvres et à des institutions bienfaisantes. Il vendit sa charge d'avocat aux conseils du roi, et reçut, en 1825, la mairie du douzième arrondissement, comme une charge qui ne devait point péricliter entre ses mains. Son père avait occupé cet emploi honorable depuis le mois d'août 1815.

Lorsque, pour la première fois, Denis-Marie Cochin fut présenté au roi avec le conseil municipal de Paris, Charles X parut frappé de l'air d'extrême jeunesse que conservait le nouveau fonctionnaire, bien qu'il fût alors dans sa trente-cinquième année. « Je vous aurais pris pour un jeune homme de vingt ans, » lui dit le roi après s'être enquis de son âge. Frêle avantage, hélas! qui n'a pas arrêté la mort, lorsque, dans son empressement cruel, elle frappa cet homme qui, à cinquante-deux ans, possédait encore l'extérieur d'une florissante jeunesse.

Depuis le moment où il prit possession du siége municipal jusqu'à ses derniers jours, sa vie tout entière appartint au public, à la classe populaire. C'était le moment où le gouvernement et tous les bons citoyens, dociles à l'impulsion qu'ils se donnaient et recevaient réciproquement, s'occupaient avec sollicitude de l'instruction des enfants du peuple. Il existait déjà de nombreuses écoles pour l'instruction élémentaire des enfants depuis sept ans jusqu'à l'adolescence; il se formait des écoles d'adultes pour les personnes à qui le bienfait de l'instruction avait manqué dans leurs jeunes années; il y avait enfin des écoles spéciales destinées à perfectionner les diverses branches d'instruction primaire; mais les salles d'asile, qui devaient former le premier anneau de cet enchaînement d'écoles, les salles d'asile n'existaient pas encore. C'est cette lacune que Cochin résolut de combler. Les salles d'asile, qu'on a appelées avec raison des *maisons à la fois d'hospitalité et d'éducation*, n'étaient pas chose nouvelle à l'étranger, ni même en France. En 1770, un ministre protestant d'Alsace, Oberlin, avait établi au hameau du Ban-de-la-Roche un asile pour les petits enfants. En 1801, madame la marquise de Pastoret ouvrit un asile aux enfants encore à la mamelle, rue de Miromesnil, faubourg Saint-Honoré; mais ce dernier établissement ne put se maintenir. La pensée généreuse qui l'avait enfanté n'avait point prévu tous les moyens de le rendre assez praticable. En effet, réunir les enfants à la mamelle, c'était se mettre dans la nécessité d'appeler aussi les mère, ou, à leur défaut, de se procurer des nourrices. Quant aux écoles du Ban-de-la-Roche, comme on y recevait indistinctement les enfants de tout âge, cet établissement n'était pas de nature à atteindre le but exclusif d'une maison d'asile, qui est de réunir les enfants déjà sevrés, mais incapables de recevoir l'instruction publique dans tout son développement.

Denis Cochin, plus heureux que ses devanciers, devait résoudre le problème en se bornant à prendre les enfants de l'âge intermédiaire entre le berceau et l'école. Il imagina donc de réunir dans une salle vaste et saine, située rue des Gobelins, n° 3, des enfants pauvres de deux à sept ans. Au bout de quelques mois, il comprit qu'il n'avait rempli que la moitié de sa tâche en les sauvant des dangers de l'abandon dans l'habitation paternelle, ou des périls encore plus multipliés de la rue; car on sait trop qu'alors, pendant que les ménages d'ouvriers vaquaient au dehors aux travaux de leur état, les enfants étaient généralement abandonnés à eux-mêmes, soit qu'ils fussent sous clef dans une chambre malsaine, soit qu'ils errassent librement dans la rue, où tout menaçait leur santé, où ils ne pouvaient contracter que des habitudes de vagabondage et de malpropreté.

Cochin se demandait si l'on ne pourrait pas profiter de la merveilleuse mémoire des enfants, de leur penchant à l'imitation et de leur extrême sensibilité, pour les préparer déjà à des habitudes d'ordre, pour façonner au bien leur naissante volonté, enfin pour les initier aux premières notions de l'instruction élémentaire. Déjà cette tâche sacrée avait été en partie accomplie à l'étranger. Depuis neuf années, les écoles d'enfants, créées à New-Lanarck par Robert Owen et propagées à Londres par James Buchanan, répandaient en Angleterre et en Ecosse sous le nom d'*Infant's Schools* les bienfaits de l'hospitalité et d'une instruction relative, en faveur des enfants que leur âge place entre la nourrice et le maître d'école primaire. Des Français, qui avaient voyagé au-delà du détroit en observateurs philanthropes, frappés d'admiration à la vue de cette institution vraiment maternelle, en parlaient avec un enthousiasme que partagèrent toutes les belles âmes. Dès 1826, il se forma, pour naturaliser en France cette heureuse importation de l'Angleterre, un comité composé de mères de familles aussi distinguées par la hauteur de leur position sociale que par leurs douces vertus. On peut citer parmi elles mesdames de Pastoret, de Bondy, de Laborde, de Rambuteau, etc. Ce comité trouva dans le conseil général des Hospices un concours bienveillant ; mais on en était encore aux essais, aux tâtonnements : la route à suivre était découverte ; mais il restait à la frayer, à la rendre facile et praticable. En effet, si le bien à faire sur la vaste échelle de l'administration publique se conçoit facilement en théorie, toute application nouvelle est hérissée d'obstacles et de difficultés. Apprécier ces difficultés, écarter ces obstacles, tel fut le problème que s'imposa le génie créateur et positif de Denis Cochin.

Assurément, il n'avait pas été des derniers à s'émouvoir aux récits des voyageurs français; car il y retrouvait le germe de la création qu'il avait commencée lui-même dans l'arrondissement dont il était le premier magistrat. Il prit part avec zèle, comme administrateur des Hospices, aux premiers efforts des dames protectrices de l'enfance pauvre et délaissée. Mais les ouï-dire ne lui suffisaient pas. Il partit bientôt pour l'Angleterre, afin de voir par ses yeux ces *Infant's Schools* si vantées. Parmi des choses excellentes, il ne tarda pas à découvrir de graves défauts. Les enfants n'étaient reçus dans l'établissement que pendant trois heures le matin et deux heures l'après-midi. Or, pendant le reste de la journée, ils retombaient dans les inconvénients de l'abandon et dans les dangers de la rue. Indépendamment de cette funeste lacune dans la surveillance et l'hospitalité de l'école, l'usage des vacances, déjà préjudiciable aux écoles primaires, était appliqué à ces asiles de l'enfance en haillons, comme s'il y avait des vacances pour la misère, comme si les parents pauvres n'étaient pas à toutes les époques de l'année dans l'impossibilité de surveiller leurs enfants, sous peine de se condamner à un surcroît d'indigence! Enfin, dans l'école, on ne donnait aux petits enfants aucun soin sanitaire, aucun secours matériel; et sur la porte de l'asile, à l'heure de la sortie, s'arrêtait la surveillance du maître.

Toutes ces imperfections, et quelques autres encore, n'échappèrent point au jugement éclairé de

Denis Cochin, et, grâce à la sagacité de son esprit pratique, ce furent autant de points sur lesquels la philanthropie du fondateur français dut l'emporter sur la philanthropie des fondateurs anglais.

Après avoir étudié dans cet esprit d'amélioration les établissements de Londres, Cochin revint en France fonder son asile modèle, qui réunit à tous les avantages des *Infant's Schools* d'Owen et de Buchanan, des perfectionnements tels que, dès le début, la création de sa bienfaisance n'a rien laissé à désirer.

Comme les Anglais, il adoptait, pour les petits enfants admis dans son asile, les procédés de l'enseignement mutuel. Dans les *Infant's Schools,* les enfants étaient rangés sur une surface plane; il en résultait qu'il n'y avait que les deux ou trois premiers rangs qui profitassent de la leçon. Denis Cochin imagina de les ranger sur des gradins, disposés de manière à recevoir sans confusion tous les enfants à la fois. C'est lorsqu'ils sont sur le gradin que le maître peut causer avec tous ses enfants réunis dans un petit espace, et placés sous ses yeux à la portée de la voix; c'est là qu'il peut varier à l'infini les objets d'occupation et d'amusement, faire pénétrer une foule d'idées, ouvrir l'intelligence, discerner les dispositions, exécuter les principaux exercices du cours d'enseignement des salles d'asile; enfin, avancer d'une manière surprenante ce qu'on peut appeler l'éducation du premier âge.

Il établit que, dans l'asile qu'il voulait fonder, les enfants seraient admis depuis six heures du matin jusqu'à huit heures du soir. De cette manière, les dangers et la corruption de la rue ne pourront les menacer à aucun instant de la journée, puisqu'ils ne quittent l'asile que pour retrouver leur père et leur mère libres de leur travail et rentrés au logis. Propreté, secours, encouragements : telles seront pour l'enfant du pauvre les lois de ce séjour de bienfaisance et d'hospitalité, car il y sera traité avec bonté, avec affection; et ce bonheur le suivra jusque dans la maison paternelle; car n'étant plus, par sa présence continuelle, une source de gêne chez ses parents, qui n'auront autre chose à lui donner pour chaque journée qu'un morceau de pain, il y sera bienvenu à son retour, le soir, pour y prendre en commun le repas de la famille et le repos de la nuit; il n'y sera plus délaissé, battu, gourmandé, flétri, repoussé. Les parents eux-mêmes, déchargés du soin de surveiller leur enfant, emploieront plus assidûment chaque jour au travail; ils recouvreront une aisance dont ils se croyaient à jamais déshérités. Avertis par les bonnes habitudes qu'ils verront contracter à leurs enfants, ils seront amenés progressivement à se réformer eux-mêmes; de là pour eux le désir de se mettre en rapport avec le sage directeur ou la bonne directrice de la salle d'asile, dont le séjour offre tant d'avantages à leurs enfants. Là, ils recevront d'utiles avis sur la conduite à tenir envers les jeunes élèves, et bientôt cette maison d'éducation et de bienfaisance deviendra un moyen d'amélioration pour la population ouvrière et indigente de tout un pays.

C'est dans le même esprit de prévoyance que Denis Cochin posa en principe la continuité de la surveillance de l'asile, n'admettant que quelques rares interruptions, même les jours fériés. « On ne doit pas oublier, a-t-il dit lui-même dans son *Manuel*, que l'asile est autant et plus maison d'hospitalité et de secours que maison d'éducation et d'instruction; il ne faut pas que, sous prétexte de jour férié, un enfant puisse être délaissé dans la rue, lorsque ses parents sont obligés, pour un motif grave, de quitter leur domicile. *La charité est une vertu de tous les jours : l'asile doit être accessible, sans interruption ni chômage.* »

Loin de négliger la tenue sanitaire des enfants, comme il l'avait vu faire dans les asiles d'outre-mer, Denis Cochin porta sur ce point toute la sollicitude d'une mère. Il avait remarqué dans les *Infant's Schools* que les enfants de deux à trois ans s'endormaient sur leur banc, et qu'au lieu de leur faciliter ce sommeil de leur âge qui leur est si fructueux, on s'empressait de les réveiller. Il voulut que, dans son asile, un lit de camp fût dressé dans le milieu de la classe pour ces faibles créatures, lorsque le sommeil viendrait les surprendre. Il prescrivit aux directeurs et aux directrices les soins les plus minutieux pour s'assurer de la santé des enfants, pour séparer de leurs petits camarades ceux dont la tête n'était pas saine, pour veiller à tous leurs besoins durant leur séjour dans l'asile.

Enfin il voulut que partout, autant que possible, l'asile fût confié à la direction des femmes, comme étant par la tournure de leur esprit, par la tendresse de leur cœur et par la délicatesse de leurs organes, plus propres que les hommes à communiquer avec l'âme des petits enfants. « Le génie de la salle d'asile, a dit Cochin dans son *Manuel*, se trouve dans le cœur des bonnes mères, par les inspirations intérieures de la nature; on peut l'imiter en l'étudiant, mais on ne peut le communiquer par des préceptes fixes et formulés comme ceux de l'enseignement primaire. Nulle part dans la salle d'asile on ne doit rencontrer le pédagogue ni le docteur; partout, au contraire, il faut trouver une saine instruction jointe à l'affection, au dévoûment, à l'héroïsme qui caractérisent l'amour maternel. »

Telles sont les principales améliorations conçues par Denis Cochin pour la formation de la salle qu'il se proposait de fonder. Une fois son plan fait, il se mit à l'œuvre. Mais bientôt son idée s'agrandit, et ne voyant dans la salle d'asile que le premier degré d'un enseignement primaire complet, il résolut d'offrir un asile et des moyens d'instruction non plus à quelques enfants, mais à la famille entière, et sept classes durent s'ouvrir dans l'établissement qu'il avait conçu, savoir :

1° Une classe pour les enfants des deux sexes de deux à sept ans : c'est la salle d'asile;

2° Une classe pour les garçons de sept à quatorze ans ;

3° Une classe pour les jeunes filles du même âge. — Ces deux classes sont l'école primaire;

4° Une classe d'instruction primaire supérieure pour les moniteurs et pour les élèves persévérants ;

5° Un ouvroir ou classe de couture et d'ouvrages à l'aiguille, pour les jeunes filles qui voudraient persévérer dans la fréquentation de l'école;

6° Une classe, le soir, pour les adultes hommes;

7° Une classe, le soir, pour les adultes femmes.

Ce vaste établissement devait se nommer *Maison complète d'Instruction primaire.*

Ce projet fut d'abord accueilli par l'autorité comme le rêve d'un homme de bien, et jugé impraticable. Denis Cochin ne se rebuta point. Convaincu fermement qu'il avait conçu une de ces idées qui importent au bien-être, à la vie même d'un Etat, mais n'ayant pas assez de fortune personnelle pour la réaliser seul, il eut le bonheur de faire partager sa conviction à deux capitalistes. Ces deux honorables associés, assez bons citoyens pour ne pas reculer devant les hasards d'une entreprise dont le succès devait amener pour la classe indigente de si beaux résultats, consentirent à entrer chacun pour un tiers dans l'achat du terrain et dans les frais de construction. Cochin leur faisait espérer qu'aussitôt la maison bâtie et organisée, la ville de Paris s'en rendrait propriétaire moyennant le remboursement de leurs avances; d'ailleurs il s'engageait à les désintéresser lui-même en cas de moins-value. Mais la ville lui épargna ce sacrifice, et, après avoir suivi pendant près de trois ans le succès constant de l'entreprise, elle n'hésita point à acheter, pour la somme de cent quarante mille francs, un établissement dont la seule construction lui aurait coûté, grâce aux formalités administratives, cinquante à soixante mille francs de plus. Ajoutons que M. Cochin avait, sur ses propres deniers, déboursé vingt-deux mille francs pour meubler les locaux, pour y organiser une salle d'asile et quatre écoles, et que, loin d'en réclamer le paiement, il en fit remise entière à l'administration municipale.

L'asile Cochin et les écoles dont il devait être pour

ainsi dire le vestibule avaient été constitués en 1828. En peu de temps, il devint l'*Asile-Modèle* et imprima dans Paris une telle impulsion à des citoyens, à des administrateurs jaloux de deviner les bienfaiteurs du peuple, que chaque année depuis vit s'accroître le nombre de ces établissements.

La récompense suivit de près l'œuvre de Denis Cochin. Par ordonnance du 22 mars 1831, sa *Maison complète d'Instruction primaire* reçut le nom de son fondateur, et la direction de cet établissement lui fut laissée. Ce fut alors qu'après avoir établi par les faits la réalité, l'utilité pratique de ses théories en fait d'éducation primaire, il prit la plume pour expliquer les principes et les lois. Il publia son *Manuel des Salles d'Asile* : ce livre, qui s'adresse au cœur des mères comme aux méditations des maîtres de la première enfance, est un des ouvrages les plus utiles qui soient sortis de la plume d'un homme de bien.

La dédicace indique en peu de mots les tendres sentiments et les vues prévoyantes qui ont dicté ce livre, qui, plus que tout autre, peut être assimilé à une bonne action. Cette dédicace est ainsi conçue :

AUX PETITS ENFANTS, A LEURS MÈRES, AUX AUTORITÉS PUPLIQUES, CHARGÉES DE LES PROTÉGER

L'ouvrage se divise en deux parties. Dans l'une intitulée : *Manuel des Fondateurs*, l'auteur fait connaître la nature et l'utilité des salles d'asile, l'influence qu'elles doivent avoir sur la moralité des populations, sur l'aisance des familles, sur l'administration des secours publics et sur les écoles primaires de tous les degrés. Il indique ensuite toutes les choses nécessaires à leur organisation, à leur entretien et à la surveillance qui doit s'exercer à leur égard.

Dans la seconde partie intitulée : le *Manuel des Directeurs*, le respectable fondateur énonce toutes les considérations les plus propres à inspirer aux maîtres des petites écoles le dévoûment nécessaire à leur profession. Il expose ensuite les méthodes à suivre pour le développement physique, moral et intellectuel des enfants du premier âge.

Tous ces conseils, tous ces préceptes se trouvent formulés dans une suite d'articles remarquables par la clarté, la précision, et souvent par l'onction du style. On sent que l'auteur a laissé courir sa plume sous l'inspiration du cœur le plus sensible. En un mot, comme lui-même l'a exprimé dans son *Introduction*, ce livre peut être regardé comme le *Commentaire de l'esprit généreux* qui a dicté la loi du 28 juin 1833 sur l'instruction primaire.

Un tel livre devait nécessairement attirer l'attention de l'Académie française, dont la noble mission est de couronner chaque année l'ouvrage le plus utile aux mœurs. En effet, en 1833, elle a jugé le *Manuel* de M. Cochin digne d'un des prix Montyon.

Un honneur encore plus rare et non moins éclatant attendait ce livre : diverses instructions ministérielles, données depuis 1833, relativement aux salles d'asile, ont présenté le *Manuel* comme la règle de ces établissements.

Les événements de 1830 arrivèrent. M. Cochin, sans manifester aucune oposition au grand changement politique qui s'opérait, crut que ses serments lui faisaient une loi de se tenir à l'écart. Il se retira devant la municipalité provisoire, mais il ne ralentit en rien son zèle à servir ses concitoyens et l'humanité, soit comme administrateur des Hospices, soit comme directeur de la maison qui portait son nom, et pour laquelle il manifesta toujours une sollicitude aussi tendre qu'éclairée. Depuis 1825, le perfectionnement de tous les degrés de l'enseignement primaire et le soulagement de la classe indigente fut la grande affaire de sa vie; et l'on peut dire que, dans notre capitale, si riche en bons et grands citoyens, il ne se faisait aucune notable amélioration dans l'intérêt du pauvre, que Denis Cochin ne fût appelé, consulté. C'est ainsi qu'il prêta le secours de son esprit organisateur à M. de Belleyme, lorsque ce préfet de police, qui a laissé de si honorables souvenirs, voulut faire disparaître la mendicité des rues de la capitale, par la création d'une maison de refuge. Ce fut Denis Cochin qui donna tous les plans et qui, lorsque cette maison fut fondée, non loin de son asile modèle, en surveilla l'administration. En 1830, comme membre du conseil général des Hospices, il régénéra en quelque sorte l'établissement des Quinze-Vingts.

Ses concitoyens du douzième arrondissement avaient remémoré ses anciens services comme maire, en l'appelant, en 1831, aux fonctions de membre du conseil général du département de la Seine. Chacun peut dire avec quel zèle il défendit toujours les intérêts locaux de cet arrondissement si populeux, si pauvre, si mal bâti, et qui avait toujours été trop négligé par l'autorité supérieure.

En 1832, lors de l'invasion du choléra, il organisa spontanément un comité de salubrité ou bureau sanitaire, et alla lui-même au ministère de la guerre demander des fourgons pour l'enlèvements des morts. Enfin il recueillit dans la maison Cochin tous les enfants de son arrondissement que le terrible fléau avait rendus orphelins.

Lorsque la loi de 1833 organisa l'instruction primaire, sa place était marquée dans le comité central d'instruction primaire pour la ville de Paris. Il résigna ses fonctions de secrétaire du conseil municipal, pour briguer les fonctions pareillement gratuites et non moins laborieuses de secrétaire du nouveau comité. Il devint, avec M. Boulay de la Meurthe, l'âme de ce comité, dont la mission était si élevée, et qui n'a point failli à ses devoirs.

Non content de propager la bienfaisance par ses exemples, il fonda pour cet objet, en 1835, une publication périodique, sous le titre de l'*Ami de l'Enfance* ou *Journal des Salles d'Asile*. Dans cet intéressant recueil furent consignés les actes officiels de l'autorité relatifs aux salles d'asile; des conseils et des leçons destinés à guider les personnes préposées à la direction de ces établissements; enfin tous les faits relatifs à la propagation et à l'amélioration de ces utiles institutions, tant en France qu'à l'étranger.

Le fondateur de la salle d'asile modèle, franchissant le cercle de l'instruction primaire proprement dite, était dans les derniers temps de sa vie préoccupé d'un nouveau problème, celui de l'enseignement industriel. Pour s'éclairer sur toutes les parties de cette question, il fit, en 1841, un voyage à l'école des Arts et

Métiers de Châlons-sur-Marne. Il se proposait aussi de visiter l'Ecole des Apprentis de Nantes. Mais les écoles primaires supérieures, qui devraient être les colléges du commerce et de l'industrie, étaient surtout l'objet de ses méditations. Denis Cochin, avec les hommes de progrès comme lui, déplorait l'insouciance de l'autorité supérieure pour cette institution si pleine d'avenir et que réclame l'importance nouvelle qu'ont prise parmi nous les professions industrielles et commerciales. Il s'était profondément éclairé sur cette matière difficile et délicate, tant par ses lectures et par ses propres méditations, que par des entretiens approfondis avec les hommes compétents de toutes les opinions; car il aimait surtout à causer instruction, et il le faisait avec cet intérêt, cette autorité que donnent le savoir et l'expérience. La netteté et l'élévation de ses vues sur cette haute question avaient été goûtées dans le conseil municipal de Paris, et, quelques semaines avant sa mort, il avait été chargé par une commission spéciale d'un rapport qu'il n'a pas eu le temps de rédiger, avant de descendre dans la tombe.

En 1837, Denis Cochin avait été élu député par les électeurs qui l'avaient envoyé au conseil municipal. Tout occupé des intérêts spéciaux de son arrondissement et de la ville de Paris, il se mêla peu aux luttes politiques, et concentra dans les bureaux ses talents et son travail assidu comme législateur. Une personne auguste, qui savait apprécier dans les autres les douces et charitables vertus dont elle était elle-même le plus parfait modèle, avait en quelque sorte prédit d'avance la place utile, mais modeste, que

Denis Cochin était appelé à occuper dans la chambre élective. Lorsqu'il se présenta, pour la première fois aux Tuileries en qualité de député : « Vous, monsieur Cochin, député !... lui dit la reine ; la politique n'est pas le pays des bonnes œuvres. »

Toujours il revenait au principal but de son existence, à l'instruction primaire, à sa *Salle d'asile*, qui était pour lui comme une seconde famille. Ce n'était même que là qu'il était parfaitement heureux, a-t-on dit de lui. Les complications de la politique, le spectacle des luttes de la tribune et de la presse, les orages de la veille et les menaces du lendemain, le soulèvement des intérêts privés contre l'intérêt public, l'avaient affligé plus que de coutume : il prenait le chemin de la maison qu'il avait fondée ; et, à peine avait-il poussé la porte, à peine tous les petits enfants de la salle d'asile étaient-ils accourus autour de lui, en criant de leur voix perçante : « Bonjour, monsieur Cochin, » que sa figure s'éclaircissait, que le sourire revenait sur ses lèvres... Il entrait dans la vaste classe des garçons, et l'ancien avocat à la cour de cassation, le savant jurisconsulte, le grave député prenait un bâton, non de maréchal, mais de moniteur, réunissait autour de lui cinq ou six bambins, tout fiers et tout joyeux, et leur apprenait, selon les règles, les éléments de l'instruction primaire. Hélas ! encore un peu de temps, et toute cette jeunesse ne devait plus le revoir. Je ne sais quel pressentiment sinistre venait le frapper malgré lui. Il disait un jour à sa pieuse femme de charge, qui avait déjà enseveli de ses mains et l'épouse, et le père, et la mère ; il lui disait, en lui montrant un cachemire noir, qui avait appartenu à la jeune défunte : « Tu m'enseveliras là-dedans. » Eh! qui aurait pu le croire, en le voyant si vermeil, si robuste et à peine âgé de cinquante-deux ans?

Ce fut le 27 juillet 1841, que les premiers symptômes de la fièvre se déclarèrent chez lui dans la matinée. Esclave de ses devoirs publics, il n'en voulut pas moins assister, à Saint-Etienne-du-Mont, au service qu'on y célébrait pour le repos de l'âme des victimes des trois journées. Il rentra chez lui, se mit au lit et ne s'en releva plus. Riche, considéré, chéri du pauvre comme de ses égaux, père de deux fils dont les heureuses dispositions faisaient son bonheur et son orgueil, il quitta la vie avec regret : « Soignez-moi bien, disait-il aux médecins, car je puis être encore utile. »

Il cessa de vivre, le 23 août 1841. Il eut un convoi selon son cœur : il fut accompagné jusqu'à sa dernière demeure par les enfants des salles d'asile et des écoles primaires de Paris. Jamais cortège ne fut plus touchant, et ne rappela mieux les actes de la vie d'un homme de bien, d'un homme si UTILE à l'enfance.

JACQUES CŒUR
Né vers 1365; mort en 1456

Le nom des guerriers et des hommes d'Etat, dont trop souvent les talents n'ont servi qu'à faire le malheur des peuples, arrive toujours à la postérité. Il n'en est pas de même de ces hommes utiles dans le commerce ou dans les arts mécaniques, à qui la société a dû son bien-être. Leur nom s'est la plupart du temps perdu dans la nuit des siècles : bienfaiteurs des hommes, ils ne furent pour eux que des dieux inconnus, à moins que quelque circonstance politique n'ait tiré de l'obscurité leur humble existence.

Ces réflexions seraient faites pour décourager l'homme de bien, si la vertu ne devait trouver avant tout sa récompense en Dieu, qui en contemple les actes répétés.

Les lacunes de l'histoire ses oublis pour le passé sont irréparables : je ne l'éprouve que trop par l'impossibilité où je suis, malgré toutes mes recherches, de donner une biographie complète de JACQUES CŒUR. Sa naissance, l'origine de sa fortune comme négociant, le détail de ces vastes spéculations commerciales qui le rendirent plus riche que tous les rois de l'Europe ensemble : toutes particularités que l'on recueillerait aujourd'hui avec avidité, il faut nous résigner à les ignorer toujours.

Tous les auteurs contemporains s'accordent à ne prendre Jacques Cœur qu'au moment où il entra en relation avec le roi Charles VII. Il est à croire que si le besoin d'argent n'eût pas rapproché le *petit roi de Bourges* du marchand, qui était vraiment roi par son or, le nom de ce personnage industrieux, utile, ne serait point parvenu jusqu'à nous.

Jusqu'au moment donc où Jacques Cœur devint un personnage politique, nous n'avons sur lui que des généralités. On croit qu'il est né à Bourges, mais on ignore en quelle année. « JACQUES CŒUR, » dit l'historien Du Clercq, « estoit extrait de petite génération ; mais il menoit si grand faict de marchandise, que partout le royaume avoit ses facteurs qui marchandoient de ses derniers pour lui, et très tant que sans nombre ; et mesme en avoit plusieurs qui oncques ne l'avoient vû. »

Mathieu de Coucy donne quelques détails de plus : « Jacques Cœur, dit-il, par son sens, vaillance et bonne conduite, se façonna tellement qu'il entreprit plusieurs grosses affaires et fut ordonné argentier du roi Charles, dans lequel office il entretint longtemps un grand règne et prospérité. Il avoit plusieurs clercs soubs luy pour tous les pays et royaulmes chrestiens, même en Sarrazenance (Turquie) qui se mesloient de marchandise. Il avoit à ses despens plusieurs grands vaisseaux, qui alloient en Barbarie et jusques à Babylone, quérir toutes marchandises par la licence du Soldan des Turcs. Il gagnoit chacun an plus plus que ne faisoient ensemble tous les aultres du royaulme : il avoit bien trois cents facteurs soubs luy, qui s'estendoient en divers lieux, tant sur mer que sur terre. »

Fils d'un orfèvre de Bourges, Jacques Cœur apprit l'état de son père, et non seulement continua son commerce, mais étendit ses spéculations sur toutes les marchandises soit dans l'intérieur du royaume, soit à l'étranger. Les premières relations de Jacques Cœur avec Charles VII datent sans doute du séjour de ce prince à Bourges ; et lorsqu'en 1439, malgré la détresse universelle, Charles rassembla de l'argent pour solder les gens de guerre, les routiers, les écorcheurs, dont les provinces du midi étaient remplies ; ce fut avec l'aide de Jacques Cœur, à qui il commençait à donner la direction de ses finances. Il le nomma d'abord maître des monnaies à Bourges, puis lui donna le titre d'argentier, ou gardien de son épargne privée.

Les vaisseaux de Jacques Cœur emportaient d'Europe des lingots d'or et d'argent, et des armes, et revenaient chargés de soie et d'épices. Charles VII l'employa de préférence dans le gouvernement du Languedoc, où Jacques avait une foule de correspondants et beaucoup d'amis. Plusieurs fois il fut chargé de présider les Etats de cette province. Jacques Cœur commença dès lors à mettre de l'ordre dans les finances du roi ; aussi rien n'arrêta plus Charles VII dans l'accomplissement de la double tâche qu'il s'était imposée : reconquérir son royaume et le restaurer.

Anobli dès l'an 1440, Jacques Cœur vivait avec une splendeur conforme à la place éminente qu'il occupait à la cour, et aux richesses immenses qu'il devait à son intelligente activité. Il passait pour si opulent, que, pour qualifier la grande fortune d'un homme, on disait : « Il est aussi riche que Jacques Cœur. » On crut même qu'il avait la *pierre philosophale*. C'était, disait-on, le fameux RAIMOND LULLE, qui ayant rencontré à Montpellier Jacques Cœur encore jeune, conçut de l'amitié pour lui, et lui communiqua le secret de faire de l'or. Ceux qui ont inventé cette absurdité, n'ont pas fait attention que Raimond Lulle était mort plus de cent ans auparavant. Tout le secret de Jacques Cœur consistait dans ses talents et son habileté pour le trafic. On n'est plus étonné de sa grande prospérité lorsqu'on fait réflexion qu'il possédait en propre dix ou douze navires qui voguaient continuellement en Egypte et dans les échelles du Levant ; que, depuis vingt ans, il faisait lui seul plus de commerce que tous les marchands de l'Europe ensemble. Des pièces authentiques prouvent qu'il avait encouru la haine des Génois, des Vénitiens et de tous les Italiens, dont il avait ruiné le trafic.

Charles emmenait son argentier partout et lui montrait une confiance qui ne contribua pas moins que ses richesses, à exciter la jalousie des courtisans. Le roi nomma un de ses fils archevêque de Bourges, et un autre doyen de l'église de Limoges. Il est à remarquer aussi que tous ceux qui furent employés par Jacques Cœur parvinrent à des postes honorables, ce qui prouve qu'il était aussi connaisseur en hommes de mérite que patron généreux.

A l'assemblée des Etats de Languedoc convoqués à Béziers, au mois d'octobre 1442, Jacques Cœur était auprès du monarque avec le fidèle et dévoué Tanneguy du Châtel. L'assemblée accorda les subsides demandés, et la campagne contre les Anglais en Guyenne se termina, le 8 décembre, par la prise de La Réole.

En 1445, le roi envoya Jacques Cœur avec l'archevêque de Reims, Saint-Vallier, et du Châtel, prendre possession de Gênes, que Janus Frégose, qui y était entré à l'aide des Français, devait leur remettre; mais Janus, sommé de remplir ses engagements, répondit aux commissaires : « J'ai conquesté le pays et la ville à l'épée, et à l'épée les garderai contre tous. »

Cette même année, pendant une trêve avec les Anglais, Jacques Cœur fit sentir son influence, par des réformes importantes dans la comptabilité publique. Quatre ordonnances successives, du 25 septembre 1443 au 26 novembre 1447, établirent et complétèrent un système nouveau, d'après lequel tous les officiers royaux devaient rendre leurs comptes au receveur général.

Dans le dispositif de ces longues ordonnances, et dans le contrôle que les divers officiers royaux devaient exercer les uns sur les autres, on croit reconnaître l'esprit clair et méthodique d'un homme accoutumé aux affaires. Il n'est pas douteux non plus que

Jacques Cœur eut la plus grande part aux ordonnances commerciales rendues en 1444 et 1445, la première dans l'intérêt de la ville de Lyon entièrement ruinée, la seconde pour rétablir les foires de Champagne, autrefois très fréquentées, avec une franchise de dix jours pour chaque foire en faveur de tous les marchands forains qui les fréquenteraient, *tant chrestiens que mécréants*. Quant à la ville de Lyon, pour aider les bourgeois à rétablir leurs murailles à leurs frais, on leur accordait la permission de tenir trois foires par année, chacune de vingt jours, pendant lesquels ils devaient jouir d'une franchise absolue de tous droits, de la permission de trafiquer dans toutes les monnaies étrangères, et d'accorder les garanties personnelles les plus complètes aux marchands étrangers qui les visiteraient. Le commerce, que ces ordonnances étaient destinées à favoriser, avait en effet commencé à renaître dès la publication de la trêve avec les Anglais. La Normandie leur était encore soumise; ses négociants accoururent en foule à Paris pour y acheter des vins et des blés, qui étaient alors à bas prix en France.

Le royaume cependant progressait vers un bien-être jusqu'alors inconnu. Jacques Cœur, si peu compris par les chroniqueurs du temps, avait su reconnaître ce qui favorisait le plus le développement de la richesse publique. « Tandis qu'il engageait le roi à protéger à l'intérieur, contre toute espèce de brigandage, le paysan et le boutiquier, dit un historien, en sorte qu'on voyait rebâtir de toutes parts les villages et les fermes ruinées, il protégeait également les spéculateurs plus hardis que le commerce conduisait jusque chez les infidèles; il écrivit dans ce but à Abou-Saïd-Jamac, soudan d'Egypte, auquel il envoya, au nom du roi, l'offre de son amitié et des présents par Jean de Village, son premier commis. Le sultan accueillit bien cet envoyé; il promit de protéger les marchands français qui visiteraient Alexandrie ou Jérusalem, et il écrivit au roi, en lui envoyant aussi des présents, une lettre qui seule nous instruit de cette négociation. »

C'était l'époque où le commerce commençait à mêler toutes les nations, et portait de l'une à l'autre les idées d'ordre et d'économie; car, tandis que Jacques Cœur initiait ainsi Charles VII aux principes de l'administration, les marchands de la Ligue hanséatique servaient de lien entre l'Allemagne, les Etats du Nord et la Moscovie; enfin le négociant le plus illustre qu'ait vu l'Europe, le Florentin Cosme de Médicis, *Père de la Patrie,* semblait destiner ses comptoirs répandus dans tout le monde alors connu, autant à favoriser les progrès des lettres et des sciences, qu'à échanger les produits de l'industrie.

On a vu, qu'à l'exemple de Cosme de Médicis, Jacques Cœur avait su profiter de l'essor prodigieux que les progrès de la civilisation avaient donné au commerce. « Pour la première fois depuis le renversement de l'empire romain, dit M. Sismondi, les besoins de toutes les nations étaient connus; la puissance comparée de leur industrie, leurs productions diverses, l'étendue de leur consommation étaient appréciées, et les hommes qui disposaient en même temps de grands capitaux et d'un grand fonds de connaissances, pouvaient embrasser à la fois le commerce de l'Europe et de l'Asie, établir leurs comptoirs dans toutes les places mercantiles, donner enfin à leurs spéculations une étendue et une importance qui assuraient leur succès, et qui élevaient ces dominateurs du commerce presque au niveau des princes. Jacques Cœur pouvait seul disputer à Cosme de Médicis le premier rang entre les marchands, pour l'immensité de ses entreprises et la richesse de ses capitaux. Aucun monument ne nous apprend quelles relations ont pu exister entre ces négociants illustres, s'ils furent rivaux ou amis; mais nous trouvons, un Florentin, Otto Castellani, parmi les ennemis de Jacques Cœur qui précipitèrent sa perte; nous trouvons, d'autre part, qu'il put toujours compter sur l'amitié et sur la protection du pape Nicolas V, quoique celui-ci, élevé dans la maison de Cosme de Médicis, sous le nom de Thomas de Sarzanne, fut toujours demeuré attaché aux Médicis. »

A l'année 1448 (28 avril) appartient la fameuse ordonnance de Charles VII qui institua une milice permanente sous le nom de *Francs-Archers*. Ce n'est encore que par conjecture qu'on peut attribuer à Jacques Cœur l'idée première de cette mesure qui, en appelant les plébéiens à la défense du pays, en organisant une infanterie nationale, semble émaner du système de finances introduit par l'habile ministre.

Cette même année, le gouvernement de Charles VII résolut de recouvrer la Normandie, et ce fut Jacques Cœur qui en fit la proposition. Le trésor était épuisé : il leva cet obstacle en offrant au roi deux cent mille écus, et la Normandie fut reconquise. Ce fut à Jacques Cœur qu'on en attribua tout le mérite. « Lorsque Charles VII fit son entrée dans Rouen, dit Jean Chartier, on vit le comte de Dunois, le seigneur de la Varenne et Jacques Cœur, marcher à côté les uns des autres, et tous trois habillés de la même façon; ils avoient des jaquettes de velours violet fourrées de martre, et les houssures de leurs chevaux toutes pareilles, bordées de fin or et de soye. » Le roi avait exigé que Jacques Cœur parût dans cette cérémonie dans le même costume et marchât sur la même ligne que lui et Dunois. Quelques historiens ont attribué à la vanité de l'argentier parvenu ce qui n'était que l'effet des ordres formels et de la gratitude du monarque. Malheureusement pour Jacques Cœur, cette gratitude fut de peu de durée, et la jalousie des courtisans fut implacable.

Il venait d'avancer au roi les sommes nécessaires à l'importante négociation de Turin pour faire cesser le schisme d'Amédée de Savoie, qui s'était fait pape sous le nom de Félix V. Lui-même était à Lausanne, où il représentait le roi; et, par sa magnificence autant que par son habileté, il remplissait dignement cette mission diplomatique, lorsque, en 1451, une intrigue de cour renversa cette fortune trop grande pour être durable, quoiqu'elle fût légitime. « Ses richesses, dit la Thaumassière, furent le plus grand de ses crimes, et donnèrent envie aux vautours de cour d'en poursuivre la confiscation, et de lui faire faire son procès par les juges intéressés à s'enrichir de ses dépouilles. » — « Ce ne furent pas ses seules richesses, observe Bonamy, qui lui suscitèrent à la cour des ennemis puissants, à la tête desquels était Antoine de Chabannes, comte de Dammartin : la faveur dont Jacques Cœur jouissait auprès du roi ne fut pas un moindre objet de leur jalousie, et leur fit chercher les moyens de le perdre dans son esprit. »

La mort d'Agnès Sorel fut le premier prétexte qu'ils employèrent pour y parvenir. Jeanne de Vendôme, femme de François de Montberon, accusa Jacques Cœur d'avoir empoisonné cette favorite. En conséquence l'argentier du roi, à peine de retour de la mission fut arrêté le 3 août 1451, comme il se rendait auprès de Charles VII. Sans aucune information ni jugement rendu, ses biens furent saisis. Le roi prit cent mille écus pour la guerre de Guyenne; il donna les terres de l'accusé à Antoine de Chabannes, au chambellan Guillaume Gouffier, et à plusieurs autres qui furent en même temps les ennemis, les geôliers et les juges de Jacques Cœur.

Il n'eut point de peine à repousser l'accusation d'empoisonnement. Loin qu'on pût découvrir aucune inimitié entre elle et Jacques Cœur, on savait qu'elle se confiait si entièrement à lui, qu'elle l'avait nommé son exécuteur testamentaire. Jeanne de Vendôme, convaincue de calomnie, fut condamnée *à faire amende honorable* à Jacques Cœur.

Il semblerait, d'après cela, qu'il aurait dû recouvrer sa liberté; mais il y avait trop de gens intéressés à ne pas laisser déclarer innocent un homme dont ils s'étaient déjà partagé les dépouilles. « Ceux à qui il avait prêté de l'argent sans intérêt, et dont nous avons une longue liste, se trouvaient tout d'un coup quittes de leurs dettes, par la condamnation de leur bienfaiteur; ainsi il ne faut pas s'étonner s'il s'éleva contre lui tant d'ennemis qui lui cherchèrent d'autres crimes pour le rendre coupable. » Ils obtinrent donc de la méprisable faiblesse du roi une seconde commission, que présidait ce même Guillaume Gouffier, déjà nanti d'une partie des biens de l'accusé. Jacques Cœur avait été transféré du château de Taillebourg à celui de Lusignan, où il fut interrogé, le 10 septembre 1451, par ce juge intéressé. Les charges principales élevées contre lui étaient qu'il avait fait sortir du royaume de l'argent et du cuivre en grande quantité; qu'il avait renvoyé à Alexandrie un esclave chrétien qui s'était réfugié en France et avait abjuré le christianisme depuis son retour en Egypte; qu'il avait contrefait le petit scel du roi et ruiné le pays de Languedoc par des exactions sans nombre, par d'affreuses concussions colorées de différents prétextes propres à faire retomber sur le prince le mécontentement des peuples.

On l'accusait enfin d'avoir, sans la permission du roi et du pape, transporté chez les Sarrasins une grande quantité d'armes, qui n'auraient pas peu contribué au gain d'une victoire remportée par ces infidèles sur les chrétiens. Tout le procès fut conduit avec une iniquité révoltante. Les enfants de Jacques Cœur se plaignirent de ce que les juges n'entendaient que les ennemis de leur père, « gens, disaient-ils, perdus, infâmes, accusés de meurtres et décriés pour leurs crimes, » dont quelques-uns même, dans la suite, avouèrent qu'ils avaient été gagnés pour déposer contre l'accusé. On exigea de lui la production de pièces disséminées dans ses comptoirs du Levant, et on lui refusa le temps de les faire venir, ou l'assistance de ceux de ses commis qui seuls entendaient ses affaires. On lui refusa également de faire entendre des témoins et de prendre un conseil d'avocats. On poussa même la rigueur jusqu'à lui interdire « la consolation de voir son fils aîné Jean Cœur, archevêque de Bourges, prélat respectable par sa piété, sa droiture et sa générosité, et dont la mémoire est encore aujourd'hui (1745) en bénédiction dans son diocèse. »

Cependant Jacques Cœur fut encore changé de prison : de Lusignan, on le conduisit au château de Maillé, où l'on continua les informations. Quoique ce ne fussent pas toujours les mêmes commissaires, c'était le même esprit qui les guidait. Après Antoine Chabannes, on n'en voit pas de plus animé contre le prévenu que le Florentin Otto Castellani, trésorier de Toulouse, ennemi déclaré de Jacques Cœur, qui paraît avoir été l'âme de toute l'intrigue tramée contre lui. Jacques Cœur, perdant l'espérance d'obtenir justice de pareils juges, invoqua le privilége de cléricature qui le rendait justiciable de l'autorité ecclésiastique ; mais, bien que sa réclamation fût appuyée par l'évêque de Poitiers, on n'y eut aucun égard, sous prétexte qu'il avait été arrêté « *en habit de courtisan.* » Au milieu de toutes ces prévarications qui indignent, c'est une chose risible de voir avec quel scrupule les commissaires interrogèrent les barbiers des différents lieux où Jacques Cœur avait été prisonnier (il fut, dans l'intervalle de 22 mois que dura son procès, transféré en cinq châteaux différents), pour savoir si, en le rasant, ils lui avaient fait la tonsure, et s'ils en avaient aperçu quelques vestiges ; enfin qu'elle était la forme des habits qu'il portait quand il fut pris, tandis que ces mêmes commissaires refusaient d'admettre les lettres de tonsure que l'archevêque de Tours, l'évêque de Poitiers, et Jean Cœur, archevêque de Bourges, offraient de produire. Sans entrer dans tout le détail de ce procès, qui dura deux ans, Jacques Cœur, pour éviter la question dont ses juges le menaçaient, se soumit à dire tout ce que l'on voudrait, et à s'en rapporter au témoignage de « *ses haineux,* » entre autres deux frères, Michel et Isaac Teinturier, qui avaient été ses facteurs et qui, ayant eu des torts réels dans l'affaire de l'esclave chrétien renvoyé à Alexandrie, chargeaient leur ancien patron, pour ne pas être eux-mêmes compromis. Jacques Cœur ne niait pas le fait, mais il soutenait qu'il ne savait pas que cet esclave fût chrétien; qu'au reste Michel Teinturier avait eu tort d'enlever un esclave appartenant à un Sarrasin, malgré les conventions faites entre la France et le Soudan d'Égypte; que les marchands avaient fait de grandes plaintes de cette prise, et que le grand-maître de Rhodes (Jean de Lastic) lui en avait écrit pour lui mander « que c'estoit agir contre la sûreté donnée aux marchands françois; qu'au premier voyage, ses galères seroient inquiétées, puisque dès lors les Sarrasins voudroient se venger sur certains plèges pour marchandises qui étaient à Alexandrie. » Sur cela, Jacques Cœur avait assemblé les négociants à Montpellier, pour savoir ce qu'il y aurait à faire dans cette occasion, et il fut décidé qu'il fallait absolument renvoyer cet esclave à son maître. Ce renvoi, qui était un acte de justice, fut néanmoins un des plus grands griefs allégués contre Jacques Cœur. Jacques Cœur offrait de s'en rapporter au roi lui-même ; mais les juges n'avaient garde de s'adresser à ce prince. Ils repoussaient aussi les sollicitations que le pape Martin V faisait faire par le cardinal d'Estouteville. La fermeté de ses réponses jetait dans l'embarras les commissaires qui, depuis le 13 janvier 1453, avaient pour président Antoine d'Aubusson. Bien que, le 27 mars, ils menaçassent Jacques Cœur de lui faire donner la question, celui-ci persista dans ses justifications.

Comme si tous les coups eussent dû l'accabler à la fois, ce fut dans ce temps que mourut Marie de Léodepard sa femme qui n'avait pu survivre à la disgrâce de son mari. Quelques jours après, il fut encore transféré à Poitiers : c'était sa cinquième prison.

Enfin, le jugement fut prononcé au château de Lusignan, le 29 mai 1443, par Guillaume Jouvenel des Ursins, chancelier de France, après que le roi se fut fait rendre compte des informations, interrogations et autres pièces concernant l'accusé. Par cet arrêt, Jacques Cœur est déclaré atteint et convaincu de concussions et d'exaction des finances, d'avoir pris, levé et retenu plusieurs grandes sommes de deniers, tant sur le roi que sur ses pays et sujets ; d'avoir transporté de l'or et de l'argent hors du royaume, et en particulier chez les Sarrasins ; enfin il est déclaré coupable du crime de lèse-majesté et autres crimes pour lesquels il a encouru la peine de mort et la perte de ses biens ; toutefois, pour aucuns services par lui rendus au roi et en contemplation et faveur du Pape qui lui en a fait requête, et pour autres causes, Sa Majesté lui remet la peine de mort, le prive et déclare inhabile à toujours de tous offices royaux et publics, le condamne à faire au roi, en la personne, de son procureur, amende honorable, nu-tête, sans chaperon, tenant une torche du poids de dix livres; à racheter des mains des Sarrasins l'enfant qu'il avait renvoyé à Alexandrie, si faire se peut, sinon à racheter en sa place un chrétien des mains desdits Sarrasins, et à le faire amener à Montpellier; et, en outre, condamne ledit Jacques Cœur, pour les sommes par lui retenues, en la somme de cent mille écus, et en celle de trois cent mille écus en amende profitable au roi, et à tenir prison jusqu'à pleine satisfaction : au surplus déclare tous ses biens confisqués, le bannit perpétuellement du royaume, réservé sur ce le bon plaisir du roi; et au regard des poisons, « pour ce que le procès n'*est pas en état de juger pour le présent,* qu'il n'est fait aucun jugement *et pour cause.* »

J'ai voulu rapporter dans toutes ses dispositions cet arrêt dont les termes sont si extraordinaires, principalement l'article où il est question de l'empoisonnement d'Agnès Sorel, surtout lorsqu'on se rappelle que Jeanne de Vendôme avait été, pour cette accusation, condamnée, comme calomniatrice, à faire amende honorable à Jacques Cœur; mais sans vouloir atténuer la honte et l'infamie qui doivent retomber sur Charles VII et sur les juges, tous, comme le roi, spoliateurs de leur victime, on peut dire que dans cette sentence, qui se bornait à la ruine d'un innocent, il y avait un certain progrès, une sorte d'hommage rendu à la pudeur publique. Dans des circonstances analogues, on n'avait pas fait tant de façons pour envoyer au gibet un Enguerrand de Marigny, un Labrosse; du moins on laissait la vie à Jacques Cœur.

L'amende de quatre cent mille écus prononcée contre lui ferait aujourd'hui quatre millions deux cent vingt-huit mille trois cent soixante francs ; mais quelque exorbitante que fût cette somme, il était en état de la payer, et il n'avait pas besoin pour y satisfaire du secours de ses facteurs. Déjà le roi s'était saisi de cent mille écus dès le commencement de la procédure ; la vente de ses terres, au nombre de quarante paroisses, et des maisons et meubles qu'il avait dans plusieurs provinces du royaume (1), était plus que suffisante pour payer les autres trois cent mille écus.

Tel était l'empressement de se partager ses dépouilles, qu'avant même que sa condamnation, prononcée à Lusignan, lui eût été signifiée dans sa prison à Poitiers, Jacques Cœur reçut, le 2 juin, des mains de Jean Dauvet, procureur-général, commandement de payer la somme de quatre cent mille écus. Il répondit « qu'il lui étoit impossible de payer une si grande somme, et que ses biens n'étoient pas suffisants de la fournir à beaucoup près ; qu'il devoit deux cent vingt mille écus empruntés pour les affaires du roi ; c'est

---

(1) Il possédait les seigneuries de La Motte, de Boissi, de Saint-Aon, et une partie de celle de Roanne dans le Forez ; celles de Menetou-Salon, Marmaigne, Maubranche et Barlieu, en Berry ; de Saint-Fargeau, de Lavau, de la Coudrai, de Champignelles, de Mérelles, de Saint-Maurice sur l'Avéron, de la Frenoie, Messeroi, Fontenouilles, et les baronnies de Toucy et de Péreuse, dans les diocèses de Sens et d'Auxerre, avec toutes les appartenances de ces terres, etc. Quant à ses maisons, il en avait deux à Paris, dont l'une était située sur l'emplacement du Palais-Royal, et l'autre subsiste encore aujourd'hui dans la rue de l'Homme-Armé ; plusieurs à Bourges, entre autres celle qu'on appelle encore l'Hôtel de Jacques Cœur, où, depuis 1683, s'assemble le corps municipal de cette ville ; enfin d'autres maisons à Sancerre, à Saint-Pourçain, à Lyon, à Montpellier, à Béziers.

pourquoi il prioit le sieur Dauvet et M. de Dammartin de remontrer au roi son pauvre fait, et le supplier qu'il lui plaise d'avoir pitié de lui et de ses enfants. »

Le 4 juin seulement, le chancelier et les commissaires se transportèrent à la prison de Jacques Cœur pour lui signifier sa condamnation. Dès ce moment eut lieu officiellement le partage de ses biens. Il n'y eut aucun de ses juges qui n'eût quelque bonne part, mais la meilleure fut pour Antoine de Chabannes : son lot fut la seigneurie de Saint-Fargeau, avec les baronnies de Toucy et de Péreuse, c'est-à-dire presque tout le pays connu sous le nom de Puisaye, consistant en plus de vingt paroisses. Seulement, pour masquer cette spoliation, il y eut, en l'auditoire du Trésor de Paris, le 30 janvier 1466, un simulacre d'adjudication au profit de Chabannes, pour la somme de vingt mille écus. Guillaume Gouffier eut la terre et seigneurie de La Motte, celle de Boissi, etc., pour dix mille écus, et le roi se réserva le droit de disposer des sommes dues à Jacques Cœur.

On ne saurait dire combien de fables ont été débitées sur ce que devint Jacques Cœur, après sa condamnation. Selon MM. de Sainte-Marthe, il rentra en grâce auprès du roi, fut réhabilité, et ses biens lui furent rendus par arrêt du Parlement de Paris. Selon Chamneau (*Histoire du Berry*), il s'évada de prison, et se retira chez le soudan d'Egypte. D'autres le font voyager en Turquie, d'où, à son retour, il apporta des poules qu'il fit élever dans son beau château de Beaumont en Gâtinais. Enfin, d'après un récit dont le premier auteur est André Thévet, voyageur, qui vivait sous le règne de Henri III, Jacques Cœur, ayant reçu de ses principaux facteurs une somme de soixante mille écus, se retira dans l'île de Chypre, s'y remaria, eut de ce second mariage deux filles qu'il dota richement, bâtit à Famagouste un hôpital pour les pèlerins de la Palestine, et y fonda la magnifique église des Carmes, où il eut un superbe tombeau avec cette épitaphe : *Hic jacet Jacobus Cordatus, civis Bituricensis.*

Denis Godefroy, le Père Daniel et même Voltaire, ont adopté ce récit fondé sur un mensonge que réfutent les titres les plus authentiques, entre autres des lettres de Charles VIII du 5 août 1457, par lesquelles il rend aux enfants de Jacques Cœur une partie des biens de leur père, mort « *en exposant sa personne à l'encontre des ennemis de la foi catholique.* » Le livre des Obits de l'église de Saint-Etienne de Bourges, à laquelle Jacques Cœur avait fait beaucoup de bien, atteste sa mort glorieuse, en lui donnant la qualité de capitaine-général des armées de l'Eglise contre les infidèles.

En effet, après que Jacques Cœur eût fait amende honorable à Poitiers, il reçut du roi l'ordre de se retirer dans le couvent des Cordeliers de Beaucaire pour y demeurer *en franchise* : c'était une espèce de prison sous la sauve-garde du roi. Il y resta près de deux années ; enfin Jean de Village, toujours dévoué, fit évader son infortuné patron. Jacques Cœur se rendit à Rome, où le pape Nicolas V ne voulut pas qu'il eût d'autre demeure que son palais. Ce pontife avait conçu pour lui autant d'estime que d'amitié depuis la fameuse ambassade d'obédience à Rome, dont Jacques Cœur avait été chargé au nom de Charles VII.

N'ayant plus rien à craindre de ses ennemis, il se fit rendre compte par ses facteurs des débris de sa fortune; et, comme sa prison et son procès n'avaient pas arrêté le cours de ses affaires, que ses vaisseaux continuaient à faire le négoce, il se trouva encore dans l'opulence.

Nicolas V étant mort au mois de mars 1455, son successeur, Calixte III, qui armait contre les Turcs, confia à Jacques Cœur le commandement d'une partie de sa flotte. Celui-ci tomba malade dans la traversée, s'arrêta dans l'île de Chio, où, étant mort au mois de novembre 1456, il fut enterré au milieu du chœur de l'église des Cordeliers. On ignore les circonstances de sa mort; seulement les lettres de Charles VII, déjà citées, prouvent que Jacques Cœur, à la fin de ses jours, lui avait recommandé ses enfants.

Il en avait cinq : Jean, archevêque de Bourges; Henri, doyen de Limoges; Renaud et Geoffroi, tous deux mineurs; enfin une fille nommée Perrette, mariée, en 1447, avec Jacquelin Trousseau, fils d'Artault, seigneur de Mareuil et de Saint-Palais. Ils poursuivirent la révision du procès de leur père. Charles VII ne l'accorda point : il exigea même qu'ils renonçassent à la possession de tous les biens ayant appartenu à Jacques Cœur, qui avaient été adjugés; mais, par une grâce spéciale et par pure libéralité, il leur accorda toutes les maisons, jardins, terres et rentes sises à Bourges et dans le Berry; deux grandes maisons situées à Lyon; les mines d'argent, plomb et cuivre de la montagne de Cosne, etc., plus toutes les dettes, actions et biens meubles qui avaient appartenu à leur père. Seulement le roi se réserva, pour en ordonner à son plaisir, les sommes que Jacques Cœur avait prêtées à différentes personnes dont les noms sont spécifiés dans une longue liste de gens de tout état, à la tête desquels est le comte de Foix pour deux mille neuf cent quatre-vingt-cinq écus d'or. On trouvait sur cette liste curieuse des évêques, des maréchaux de France, des chevaliers, des chambellans, des échansons, des secrétaires du roi, des maîtres des requêtes et des domestiques de la maison du roi, jusqu'à des peintres et des lavandières. A l'avénement de Louis XI, en 1461, Antoine de Chabannes étant tombé dans la disgrâce, Geoffroi Cœur, qui était valet de chambre du nouveau roi, profita de l'incarcération de l'ennemi de sa famille pour poursuivre l'appel du procès de son père; sans attendre l'issue de la procédure, il se transporta dans le pays de Puisaye et se saisit de toutes les terres, châteaux, forteresses et meubles d'Antoine de Chabannes. Cependant le procès fut plaidé à huis-clos au Parlement, le 20 mai 1462; mais, après diverses procédures, qui se prolongèrent jusqu'au 4 août, la cour ne prononça ni sur l'appel ni sur les lettres que les enfants de Jacques Cœur avaient obtenues de Louis XI pour être reçus appelants. Geoffroi, qui s'était déjà saisi par voie de fait des biens d'Antoine de Chabannes, fut confirmé dans leur possession par lettres que le roi lui octroya au mois d'août 1463, et qui furent enregistrées au Parlement, le 7 septembre suivant, et le 10 septembre à la Chambre des Comptes. Dans ces lettres il est parlé en termes très durs d'Antoine de Chabannes et de son injustice, et les services rendus à l'Etat par Jacques Cœur sont magnifiquement relevés. Mais les choses ne restèrent pas longtemps en cet état. Chabannes, s'étant sauvé de la Bastille, alla joindre les princes révoltés pour la guerre du *Bien public;* puis, entrant la main armée à Saint-Fargeau, capitale du Puisaye, il fit prisonnier Geoffroi Cœur, et se remit en possession des biens en litige. La paix s'étant faite en 1465, et Chabannes ayant été rétabli dans tous ses biens, poursuivit à son tour Geoffroi Cœur. Le procès se prolongea sans amener aucune décision jusqu'à la mort des deux adversaires, qui se suivirent au tombeau dans les trois derniers mois de l'année 1488. Enfin, après avoir duré plus de trente ans, la contestation se termina le 3 septembre 1489 par une transaction entre Jean de Chabannes, fils d'Antoine, et la veuve et les héritiers de Geoffroi Cœur, qui ne laissa que deux filles, dont l'une, par son mariage, porta la terre de Beaumont-le-Bois dans l'illustre famille de Harlay. Quant à la terre de Saint-Fargeau, qui demeura aux héritiers d'Antoine de Chabannes, elle est passée à la famille Lepelletier. On conserve dans les archives du château de Saint-Fargeau une expédition en forme des procès faits à Jacques Cœur.

Ce qui véritablement nous intéresse, c'est que la grande injustice dont il fut victime a rendu son nom encore plus recommandable à la postérité; c'est que ses exemples comme négociant habile et aventureux n'ont pas été perdus; c'est qu'après lui l'industrie commerciale, à laquelle il avait donné un si beau développement, ne s'est pas arrêtée. « Au reste, dit un savant judicieux, que nous avons plusieurs fois cité, ce qui concerne Jacques Cœur ne doit pas être indifférent à des Français : c'est un citoyen recommandable par son amour pour son roi, pour sa patrie, et estimable par les qualités du cœur. Amateur du bien public, il ne sépara jamais ses intérêts particuliers de ceux de l'Etat. S'il employa ses richesses à faire des acquisitions considérables, s'il profita de la faveur dont le roi l'honora pour placer ses enfants dans des postes élevés, il n'en est pas moins vrai que ce prince trouva toujours en lui un sujet reconnaissant, prêt à le servir dans les besoins de l'Etat. C'est à lui que Charles VII fut redevable du bon ordre qui régna dans ses finances, de la suppression des abus qui s'étaient introduits dans la fabrication des monnaies, et du rétablissement du commerce, totalement tombé dans le royaume pendant les guerres funestes contre l'Angleterre. Enfin, c'est à lui qu'est principalement due la gloire du règne de Charles VII : car, sans vouloir rien diminuer ici des louanges que méritent les héros qui se signalèrent alors par les armes, il faut convenir que leur carrière n'aurait peut-être pas été si brillante, si Jacques Cœur, par ses soins, n'eût procuré aux armées tous les secours d'argent, de vivres et d'artillerie, nécessaires dans les expéditions militaires. »

Comme les Médicis, à qui on l'a comparé, Jacques Cœur était instruit et lettré. Il avait rédigé des *Mémoires et Instructions pour policier la maison du roi et tout le royaume.* On lui doit aussi un dénombrement ou calcul des revenus de France que l'on trouve dans l'ouvrage de Jean Bouchet, de Poitiers, intitulé *Chevalier sans reproche*, et dans la *Division du Monde*, par Jacques Signet. M. Buchon, dans sa *Collection des Historiens*, a donné de précieux documents sur Jacques Cœur.

CUVIER
1769-1832

CUVIER (Georges-Léopold-Frédéric-Chrétien-Dagobert) naquit à Montbéliard, le 23 août 1769, la même année que Humboldt, Wellington, Brougham, Canning, Walter Scott, Châteaubriand et Napoléon le Grand.

Montbéliard, à l'époque dont nous parlons, faisait encore partie de l'empire germanique : c'était le chef-lieu d'une principauté appartenant aux ducs de Wurtemberg, et ce ne fut qu'en 1796, après l'occupation par les troupes de la République françaises, que ce pays fut régulièrement cédé à la France : nous conquîmes ainsi Cuvier en même temps que Montbéliard ; et, juste à la même époque, Cuvier, récemment arrivé à Paris, commençait par de grands travaux à conquérir la renommée. Le père de Cuvier, après quarante ans de services distingués dans un régiment suisse à la solde de la France, n'avait reçu qu'une modique pension de retraite.

Le jeune Cuvier montra, dès sa première enfance, une aptitude parfaite aux travaux de l'esprit, une mémoire puissante, une ardeur extrême pour l'étude. A quatre ans, il savait lire, et son écriture était belle. Son père lui ayant donné quelques leçons de dessin, dès l'âge de dix ans il copiait les figures d'oiseaux de Buffon, et il lisait le texte de l'ouvrage avec avidité, afin d'enluminer immédiatement ses dessins d'oiseaux. A quatorze ans et demi, il avait terminé toutes ses études classiques, et, toujours le plus assidu et le plus fort, il avait presque constamment occupé la première place. Heureusement pour Cuvier, la dernière de ses compositions parut moins bonne à son maître ; car si ce jour-là, comme de coutume, il eût été proclamé le premier de sa classe, c'en était fait de sa destinée : il eût alors obtenu une bourse gratuite au séminaire de Tubingue, et fût devenu ministre protestant, à l'exemple de son aïeul, et selon le vœu de son père, alors trop gêné pour le pousser dans une carrière autre que le ministère évangélique.

Cet insuccès d'un jour eut pour le jeune Cuvier l'avantage inespéré de le faire adopter par le duc

Charles de Wurtemberg, qui le plaça aussitôt à l'Académie de Stuttgard, sorte d'école polytechnique, d'où sortirent tour à tour, pour briller dans des carrières diverses, Schiller, Kielmeyer, et vingt autres. Ce fut là que Cuvier étudia la littérature, la philosophie et les mathématiques, l'histoire de la nature et l'histoire des nations, la physique et les beaux-arts, les sciences administratives, la médecine et le droit. Il composa même, dès cette époque, un *Journal zoologique*, d'où furent extraits, en 1792 (l'auteur n'ayant alors que vingt-trois ans), ses deux premiers mémoires, l'un sur les *mouches*, l'autre sur les *cloportes*. Il préludait ainsi, pendant ses heures de récréation, à ces magnifiques études sur les révolutions de la terre qui immortaliseront plus tard son nom.

Sorti de l'école normale et militaire de Stuttgard, Cuvier pouvait également prétendre à un brevet d'officier ou de professeur, à un diplôme d'avocat ou de médecin; il pouvait, grâce à son crayon, mener la séduisante vie d'artiste; il pouvait attendre des bontés du prince une place d'administrateur; mais, trop prudent pour tenter un long stage de fortune, trop judicieux pour asseoir son avenir sur des protections incertaines, et plus pressé de vivre que de briller, il commença modestement par être précepteur d'un jeune gentilhomme protestant, fils d'un riche propriétaire de Normandie, le comte d'Héricy.

M. d'Héricy habitait ordinairement le château de Fiquainville, situé à deux lieues de la mer, rendez-vous ordinaire de la noblesse des environs. Ce fut là que Cuvier apprit cette science de vivre, que n'enseigne aucune académie, et que les académiciens eux-mêmes ne devraient point ignorer. Ceux qui le connurent dans le commerce journalier de la vie ont pu juger si ces premières habitudes furent indifférentes à sa haute fortune.

Admirez l'enchaînement de conjectures, en apparence insignifiantes ou malheureuses, qui conduisit le jeune Cuvier vers le but de sa destinée. Une santé délicate le rend studieux et de bonne heure appliqué; une mauvaise composition de collége le dissuade du ministère protestant et lui concilie l'amitié d'un prince puissant; le défaut de fortune le préserve du séjour énervant et corrupteur des villes, et lui fait trouver à propos, dans une campagne voisine de la mer, un stimulant pour ses souvenirs classiques, un air salubre pour sa faible santé, des matériaux pour ses études favorites, en même temps qu'une école de mœurs et un asile assuré contre les orages politiques et les sanglantes calamités d'alors. Remarquez que Cuvier habita la Normandie depuis 1788 jusqu'en 1795, de sorte qu'il resta caché dans sa studieuse retraite pendant sept années. Ce fut M. Tessier, savant ecclésiastique, dont les études agronomiques ont rendu le nom célèbre, qui l'y découvrit et l'en fit sortir.

A la vue des richesses scientifiques dues à l'activité d'un jeune homme livré aux seules ressources de ses yeux et de son esprit, M. Tessier conçut aussitôt une haute opinion de Cuvier. Il parla de lui du ton le plus admiratif dans ses lettres à MM. de Jussieu et Parmentier; il lui fit connaître MM. Olivier, La Métherie, Millin, et Etienne Geoffroy. Tous ces hommes recommandables convièrent Cuvier à venir partager leurs travaux, tandis que l'abbé Tessier les sollicitait de créer près d'eux une position sortable pour son jeune ami. Quant à Cuvier, il avait signifié au digne abbé qu'il resterait au château de Fiquainville jusqu'à ce qu'on lui eût assuré à Paris une indépendance qui l'exemptât des sollicitations comme des sollicitudes.

Cuvier arriva à Paris en avril 1795, époque où l'on s'occupait de relever les établissements littéraires, que trois années de révolution avaient détruits. Plus que jamais, il devait être facile à un homme de valeur comme Cuvier d'employer utilement ses facultés, et de donner carrière à ses talents. Secondé par Millin de Grandmaison, le directeur du *Magasin encyclopédique,* il fut nommé membre de la commission des arts, puis professeur à l'Ecole centrale du Panthéon. Ensuite, grâce à d'autres amis, notamment par l'intervention d'Etienne Geoffroy et de Lacépède, l'incapable et vieux Mertrud, espèce de prosecteur émérite, qu'on venait de nommer professeur d'anatomie comparée au Muséum, eut le désintéressement très méritoire d'agréer Cuvier en qualité d'adjoint. Une fois en possession de ces postes, Cuvier songea avant tout à ses affections, à sa famille; il s'empressa d'appeler près de lui son vieux père et son digne frère Frédéric, les deux seuls parents qui lui restassent. C'est alors qu'il commença cette magnifique collection d'organes d'animaux, ce musée incomparable d'ostéologie, qui est devenu le principe et la matière d'une science nouvelle.

Il prit soin, dit-il lui-même, d'aller chercher dans les mansardes du Muséum les vieux squelettes autrefois réunis par Daubenton, et que Buffon, dans un moment d'humeur, y avait fait entasser comme des fagots.

Occupé d'enrichir à toute heure ce musée naissant, et attentif à classer chaque nouvel objet, non seulement dans une case précise, mais encore dans sa mémoire; vivifiant ses études de jeune homme par la conversation des savants, qui déjà le courtisent alors même qu'ils l'éclairent; trouvant le bonheur sans l'aller chercher loin de ses collections, grâce à sa famille, sitôt comblée de ses bienfaits, sitôt et si généreusement payée de quelques sacrifices : ce fut alors que Cuvier essaya ses forces, et qu'il en vérifia la puissance.

Son concours à l'Ecole centrale du Panthéon, ses cours d'anatomie comparée au Muséum, ses communications verbales, ses dessins, ses feuilles volantes, et jusqu'à ses modestes cahiers d'étudiant, réceptacles précieux de tant de germes d'idées, riches filons d'où sortirent tant d'ouvrages, tout fut à la fois applaudi, également admiré, et sa personne plut; on l'aima. Il avait alors le corps si frêle, une santé si fragile, et sa douce urbanité tempérait si parfaitement les vives lumières de son esprit, qu'il se vit adopté dès les premiers jours par les élèves du Panthéon, comme Bichat le fut lui-même par ceux de la Faculté, et Bonaparte par ses glorieux soldats. Malgré l'apparente froideur inhérente à son tempérament, peu d'hommes plus que lui excellèrent à captiver un jeune auditoire. On fut surtout enthousiasmé de sa première leçon au Jardin des Plantes. Il disait à ses élèves, après quelques lieux communs sur les hommes illustres qui l'avaient précédé dans sa chaire : « Peut-être, Messieurs, avez-vous entendu parler du Pérugin? C'est un peintre dont les œuvres eurent peu d'éclat; mais il fut le maître de Raphaël!... Sans doute, bientôt, d'entre vos rangs sortira plus d'un homme illustre, et je serai fier de mes fatigues. » Cuvier avait devant lui le Pérugin en personne! C'était le respectable Mertrud, présent à la séance, et qui, de ses mains tremblantes, applaudissait Raphaël.

Une des causes des grands succès de Cuvier fut précisément cette pénurie de livres, dont il se plaignait si tristement dans ses lettres durant son séjour à Fiquainville. Avec une bibliothèque, ou conseillé à souhait par des maîtres, Cuvier eût fait comme le grand nombre de ses contemporains : au lieu d'étudier à sa manière, de peindre d'après ses excellents yeux, et d'interpréter avec sa raison, il eût copié, imité, tout au plus modifié les œuvres de ses devanciers, et dès lors, adieu cette nouveauté de vues qu'il répandit dans ses ouvrages, adieu cette sûreté d'examen qui le rendit, sans contestation, le prince des savants de l'Europe!

Lorsque Cuvier vint à Paris, la tempête politique avait cessé; la République était paisible et déjà comme consternée de ses cruautés inutiles. Il lui fallut vivre avec les hommes du jour, et ceux-ci durent être surpris tout d'abord en voyant ces formes aristocratiques qu'on croyait bannies pour toujours, ce ton de convenance et de politesse que Cuvier apportait dans ses relations. Toutefois il se montra dès l'abord si discret, qu'il fit presque oublier sa supériorité et taire toute jalousie. Les jeunes savants se pressèrent autour de sa personne, poussés par l'instinctif désir de l'imiter.

D'autres savants, qu'il proclamait hautement ses maîtres ou ses protecteurs, parurent fiers de grossir cette espèce de cour de leur protégé ; d'autres, qu'il avait priés de souffrir son nom près du leur dans des écrits dus à sa plume, se flattèrent de partager le fruit des succès que leur présageaient les inappréciables dons de sa méthode, de sa parole et de son style. Remarquons toutefois que cet empire intellectuel de près de trente années, Cuvier mit autant d'habileté à l'obtenir que s'il ne l'eût point mérité.

Les limites de cette notice ne me permettent pas d'indiquer même sommairement l'ordre des idées et l'ensemble des travaux de l'auteur de l'*Anatomie comparée,* du *Règne animal,* etc.

Cependant il ne faudrait pas croire que la vie de Cuvier fût totalement consacrée aux sciences. Il fut homme politique et bon administrateur. Sa rare capacité et ses aptitudes presque universelles vinrent plus d'une fois en aide aux divers gouvernements qui se succédèrent en France, de son vivant.

Napoléon, qui l'avait connu à l'Institut, à ce bureau de la présidence où ces deux hommes, une fois la semaine, s'assirent quelque temps côte à côte, se souvint de lui à l'époque de sa toute-puissance. Il commença par le nommer inspecteur général de l'Université, avec mission d'instituer des lycées à Bordeaux, à Marseille et à Nice, et d'organiser des académies en Italie et en Hollande. Après cela, et déjà secrétaire perpétuel de l'Académie des sciences, Cuvier fut nommé chevalier de l'empire, maître des requêtes, et ce fut en cette dernière qualité que l'empereur le chargea de lui faire un rapport sur le progrès des sciences de 1789.

Il paraît certain que Napoléon songeait sérieusement à confier à Cuvier l'éducation du roi de Rome, et peut-être ce dessein prémédité influa-t-il sur le choix qu'il fit de lui, à plusieurs reprises, pour des missions en Italie. Déjà, Cuvier étant à Rome, l'empereur l'avait chargé de dresser la liste des ouvrages qui devaient servir à l'instruction du jeune prince, liste précieuse dont nous regrettons la perte. Mais c'était l'heure où sonnait la retraite de Leipzig. D'affreux désastres succédaient à l'ère des conquêtes; et alors Napoléon, en même temps qu'il nomma Cuvier conseiller d'Etat, lui donna pour mission d'organiser la défense des frontières du Rhin.

Vint bientôt la défaite d'un seul par la ligue de tous ceux qu'il avait vaincus, humiliés, puis protégés; vinrent l'abdication de Fontainebleau et le retour des Bourbons. Louis XVIII adopta les gloires de l'Institut comme celles des camps. Cuvier fut nommé par lui conseiller d'Etat et de l'Université, grand maître des cultes dissidents, commissaire du roi près des chambres, et enfin baron et grand officier de la Légion d'honneur. Il refusa le titre d'intendant du jardin du roi, le portefeuille de ministre de l'intérieur, et, plus tard, les fonctions de censeur.

Certes, Cuvier ne manquait pas de cette ambition qui désire avec tempérance; mais peut-être chez lui les principes politiques n'étaient que choses secondaires. Quand arriva le règne des Cent-Jours, il quitta silencieusement le conseil d'Etat.

Louis XVIII, à son retour, rendit à Cuvier tous ses emplois.

Maître enfin du terrain universitaire, et chargé des intérêts du corps enseignant, non pas uniquement comme membre, comme chancelier ou grand maître temporaire du conseil royal, ni même comme grand maître des Facultés protestantes, mais encore comme président du comité de l'intérieur au conseil d'Etat, mais aussi comme commissaire du roi près des chambres, Cuvier contribua puissamment à introduire dans l'enseignement public plusieurs grandes améliorations.

Se ressouvenant toujours avec reconnaissance de l'académie de Stuttgard, Cuvier aurait souhaité (et c'était là un de ses projets de prédilection) qu'on le laissât établir à Paris une école spéciale pour les affaires publics, sorte de *Faculté d'administration,* d'où les fonctionnaires fussent sortis avec des connaissances acquises et des grades. Selon lui, c'eût été un moyen sûr de classer les capacités et de les parfaire, de modérer le trop grand essor des ambitions, et d'accorder moins à la faveur.

A l'âge de trente-quatre ans (1803), alors qu'il venait d'être nommé secrétaire perpétuel de l'Institut, Cuvier avait songé au mariage. Sûr de son avenir, et le voulant sans nuages, il porta son choix sur une femme raisonnable, veuve d'un des vingt-huit fermiers généraux dont la Convention avait décrété la mort et la spoliation. Madame Duvaucel connaissait le grand monde sans s'y plaire, l'infortune sans se l'être attirée, et aussi sans avoir faibli sous ses coup. Elle avait trente ans, et, pour dot, les quatre enfants en

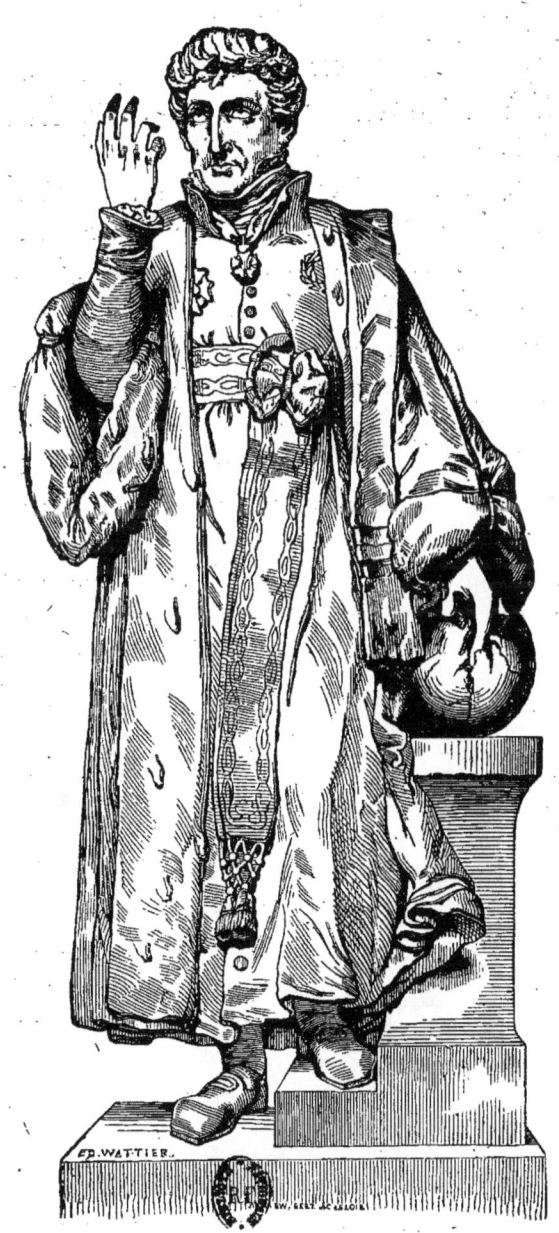

Statue de CUVIER, au Muséum d'histoire naturelle.

bas âge issus de son premier mariage. Cette famille étrangère, à laquelle Cuvier voua sa protection et sa tendresse, s'appliqua constamment à le rendre heureux, à le seconder, et surtout à le glorifier. Son attachement pour le grand homme semblait un culte.

Parmi les nombreux détails recueillis et publiés sur la vie intérieure et les habitudes de ce grand homme, il faut citer au moins les suivants. Au déjeuner, il se faisait apporter les journaux, et ne prenait ordinairement aucune part active à la conversation, quoi qu'on fît pour le distraire. A peine récompensait-il d'un regard ou d'un sourire les soins attentifs de madame Cuvier, les causeries étincelantes de mademoiselle Duvaucel, ou le gracieux enjouement de mademoiselle Clémentine, cette fille si accomplie, et dont la mort précoce (à vingt-deux ans) jeta tant d'amertume sur les dernières années du Cuvier (1827). Comme il la chérissait, sa Clémentine! Il en était plus glorieux (c'est une justice à lui rendre) que d'aucun de ses ouvrages; il avait pour elle des bontés qu'il n'aurait eues pour personne. On l'a souvent vu mettre un habit de cérémonie uniquement par complaisance pour elle, tant elle aimait à voir étinceler sur la poitrine de son père cette grande croix des braves dont on avait eu raison de récompenser son génie. Quelquefois, s'il n'avait pas quelque éloge à prononcer en séance publique à l'Académie, si sa fille lui disait qu'elle voulait pourtant l'entendre, pour la contenter il composait aussitôt un discours...

Jamais homme ne fut moins intéressé que Cuvier, plus généreux envers sa famille et ses amis. Quand

Louis XVIII le créa baron, il n'aurait su comment constituer son majorat si ce prince libéral ne lui en avait fait don. Il cumula dans la suite diverses places qui lui rapportèrent plus de 50,000 francs par an. Mais sa gracieuse hospitalité l'induisait à des dépenses considérables; ses collections lui étaient onéreuses, et l'achat des vingt mille volumes dont se composait sa bibliothèque, que le gouvernement a acquise au prix de 72,000 francs, absorba longtemps toutes ses épargnes. Il est vrai que l'*Histoire des poissons* fut vendue 90,000 francs; mais il avait destiné le tiers de cette somme à son digne collaborateur et ami, M. Valenciennes, et les 60,000 autres francs auraient dû servir de dot à sa fille chérie, si la mort la lui avait ravie.

Le 8 mai 1832, Cuvier rouvrit au collège de France, pour la troisième fois depuis la Révolution, et après une interruption de quinze années, ce cours sur l'histoire des sciences naturelles, où se résumaient toutes ses connaissances, et qui fut le solide fondement de sa gloire. Cette séance fait époque dans sa vie. Ce jour-là il peignit avec calme et grandeur l'état présent de la terre, il en retraça les révolutions probables, les déluges, fit le dénombrement de ses habitants; et ce beau résumé de la création attira ses regards vers le Créateur. Partout, de son examen minutieux de la créature, jaillissait la preuve de l'existence d'un Dieu tout puissant. Mais en parlant ainsi de cette cause suprême, de cette puissance infinie, de cette *durée sans bornes,* quand il vint à envisager sa propre faiblesse et sa fragilité, il parut comme saisi de la soudaine révélation du terme prochain de sa course. Sa voix, alors, prenant tout à coup une expression de tristesse et d'incertitude, fit entendre le souhait qu'assez de force, de temps et de santé lui permît d'achever cette histoire imposante, dont plus de mille auditeurs enthousiasmés applaudissaient le sublime commencement.

A peine sorti de cette dernière séance, il éprouva de l'engourdissement dans les membres. Le soir, il mangea avec quelque difficulté. l'œsophage et le pharynx agissaient péniblement; et le lendemain, à son réveil, Cuvier s'aperçut que ses bras étaient paralysés, que sa voix, si retentissante la veille, était devenue presque muette.

Sa dernière maladie ne dura que cinq jours, pendant lesquels il montra un courage et une sérénité dignes de toute sa vie. Personne n'a retracé les circonstances de sa mort avec autant de talent ou plus de vérité que le président de la chambre des pairs, et c'est à ce noble orateur que nous empruntons les lignes suivantes : « Cuvier se laissa approcher, jusqu'à son dernier moment, par tous ceux dont les rapports avec lui avaient eu quelque intimité; et c'est ainsi, dit le baron Pasquier, que je me suis trouvé un des derniers témoins de son existence. Quatre heures avant sa mort, j'étais dans ce mémorable cabinet où les plus belles heures de sa vie se sont écoulées, et où il avait coutume d'être environné de tant d'hommages, jouissant de tant de succès si purs et si mérités; il s'y était fait transporter, et voulait sans doute que son dernier soupir y fût exhalé. Sa figure était calme, reposée, et jamais sa noble et puissante tête ne me parut plus belle et plus digne d'être admirée : aucune altération trop sensible, trop douloureuse à observer, ne s'y faisait encore apercevoir, seulement un peu d'affaissement et quelque peine à la soutenir. Je tenais sa main, qu'il m'avait tendue en me disant d'une voix difficilement articulée, car le larynx avait été une des premières parties attaquées : « Vous le voyez, il y a loin de l'homme du mardi (nous nous étions rencontrés ce jour-là) à l'homme du dimanche; et tant de choses cependant qui me restaient à faire ! trois ouvrages importants à mettre au jour, les matériaux préparés; tout était disposé dans ma tête : il ne restait plus qu'à écrire ! » Comme je m'efforçais de trouver quelques mots pour lui exprimer l'intérêt général dont il était l'objet : « J'aime à le croire, reprit-il, il y a longtemps que je travaille à m'en rendre digne. »

On voit que ses dernières pensées furent encore tournées vers l'avenir : noble besoin d'immortalité, pressentiment de celle dont il avait tant de fois parlé!... A neuf heures du soir du dimanche 13 mai 1832, il avait cessé de vivre.

Né, comme nous l'avons dit, la même année que Napoléon, Cuvier avait, quand il mourut, près de soixante-trois ans, comme Aristote

DUPUYTREN
1777-1831

Né à Pierre-Buffière, petite ville de la Haute-Vienne, en 1777, Guillaume DUPUYTREN fut, à l'âge de trois ans, momentanément enlevé à sa famille. D'une beauté remarquable, il attira l'attention d'une dame riche qui voyageait; privée d'enfant et cédant au désir irrésistible de se donner un fils, elle conçut, en le voyant, un projet qu'elle mit aussitôt à exécution; elle l'emporta. Le père de Dupuytren partit, et rejoignit sur la route de Toulouse celle qui ravissait ce trésor, et qui ne s'en sépara qu'en donnant des signes de la plus vive douleur. Ce fut là le premier événement d'une vie qui devait être marquée par tant d'autres.

La modeste fortune de son père, avocat au parlement, avait cependant permis de placer le jeune Dupuytren au collége de Magnac-Laval. où il commença quelques études. Giraud, son compatriote et aussi chirurgien de l'Hôtel-Dieu, avait été élevé à ce même collége. En 1789, alors âgé de douze ans, il était en vacances à Pierre-Buffière, quand arriva un régiment de cavalerie. Un officier l'aperçoit, et le fixant particulièrement, paraît frappé de l'expression de son visage. Il lui adresse quelques questions, auxquelles Dupuytren répond avec vivacité et précision. Il va encore être enlevé, mais cette fois ce sera de sa propre volonté. L'officier lui propose de l'emmener à Paris. Cette offre le transporte de joie; il accepte, obtient le consentement de sa famille et quitte Pierre-Buffière, se livrant avec confiance à un inconnu, le cœur déjà plein d'ardeur et surtout d'espérance.

Le frère de l'officier qui venait de se déclarer son protecteur, M. Goësnon, était recteur du collége de la Marche, rue de la Montagne-Sainte-Geneviève. A son arrivée à Paris, Dupuytren y fut admis, et trouva ainsi un second protecteur. Il ne tarda pas à se faire remarquer par ses heureuses dispositions et son étonnante application à l'étude. Il remporta plusieurs prix, et se distingua en philosophie. C'est à ce même collége qu'il vaccina, plus tard, les enfants de Toussaint-Louverture, qui y avaient été placés par le pre-

mier consul. Son goût pour les sciences naturelles le
porta surtout à cultiver l'anatomie. Il s'y livra avec
ardeur, ainsi qu'aux études pathologiques et à la
chirurgie. Thouret, directeur de l'Ecole de Santé qui
venait d'être instituée (nivôse, an III), contribua, par
ses conseils et ses encouragements, à le porter vers la
chirurgie, cette branche si importante de la médecine. Il l'avait pour ainsi dire deviné ; et, quelques
années plus tard, l'Ecole de Montpellier demandant un
professeur à la Faculté de Paris, et désignant Dupuytren, Thouret put répondre : « Vous n'êtes pas assez
riches à Montpellier pour payer un tel homme ! »

Tout occupé de ses difficiles et pénibles études, il
ne négligea pas une science qui a fait depuis tant de
progrès : la chimie. Il fut préparateur de Bouillon-
Lagrange et de Vauquelin. Il habitait alors une
petite chambre au cinquième étage, et supportait
avec courage les fatigues du jour et d'une partie des
nuits consacrées à l'étude.

En 1795, à peine âgé de dix-huit ans, Dupuytren
avait été nommé, au concours, prosecteur de l'Ecole
de Santé. Il avait quitté le collège, et occupait une
modeste chambre dans le couvent des Cordeliers,
depuis hôpital clinique de la Faculté, lorsqu'il reçut
un jour la visite d'un homme qui l'avait remarqué et
qui avait conçu la pensée d'en faire un apôtre de sa
doctrine : c'était Saint-Simon. Dupuytren travaillait
en ce moment dans son lit, et bravait ainsi la rigueur
du froid. Après un entretien de quelques instants,
Saint-Simon se retire. Dupuytren apercevant un
objet sur le poêle glacé, se lève et y trouve une somme
de deux cents francs. Aussitôt il s'habille, rejoint

Saint-Simon et lui remet la somme, en l'accusant de distraction.

C'était l'époque où Corvisart professait ses mémorables leçons. Dupuytren fut bientôt distingué par le savant professeur, qui l'appela à lui pour l'aider dans ses recherches. Il semble alors se multiplier : à la Salpêtrière, il suit les cours de Pinel ; à la Charité, il s'attache à Boyer, son premier maître en anatomie ; au Jardin des Plantes, assidu aux démonstrations de Cuvier, il se livre à l'anatomie comparée. Le zèle de Dupuytren redouble ; doué d'une force de volonté peu commune, il comprend ce qu'il est, il prévoit ce qu'il peut être. Il se livre à l'enseignement, et, dans des cours particuliers, sa facile élocution, l'étendue et la variété de ses connaissances fixent l'attention et attirent la foule.

En 1801, il devient chef des travaux anatomiques ; et, profitant de sa position, il porte un œil investigateur dans ces désordres infinis et bizarres de l'organisme, donne l'impulsion aux études d'anatomie pathologique, et forme un nouveau corps de science. En 1802, Dupuytren, riche de faits et d'observations, écrit plusieurs Mémoires qu'il lit à la société de l'École, à laquelle il présente de nombreuses pièces, et dont il devient membre. Dans la même année, un concours est ouvert dans l'église de l'Oratoire ; il se présente, et obtient la place de chirurgien en second à l'Hôtel-Dieu : il remplace son compatriote Giraud, envoyé en Hollande comme chirurgien du roi.

En 1808, il est nommé chirurgien en chef adjoint. En 1812, dans un brillant concours, après avoir lutté contre de puissants athlètes et triomphé avec éclat,

Guillaume Dupuytren est proclamé professeur; il monte dans la chaire de médecine opératoire et remplace Sabatier. En 1815, Pelletan, premier chirurgien de l'Hôtel-Dieu, se retire, et Dupuytren devient chirurgien en chef. Nous aimons à rappeler ici que, sur la demande formelle qu'en fit Dupuytren à M. de Barbé-Marbois, le conseil général des hôpitaux conserva à son prédécesseur les appointements de chirurgien en chef, qu'il reçut jusqu'à sa mort! « Quand on le vit paraître seul, dit M. Pariset, sur les ruines de Pelletan, sur les cendres de Bichat et de Desault, une surprise mêlée d'inquiétude et de défiance s'empara des esprits. Dupuytren n'était pas connu : il va l'être ; mais, pour entrer avec faveur dans ces imaginations effarouchées, pour les calmer, pour les attirer à lui, il sent qu'il doit adopter un système de conduite tout nouveau, et faire ce que nul autre n'avait fait jusque-là. Ce n'était plus la médecine opératoire qu'il allait enseigner, c'était la clinique chirurgicale, c'est-à-dire la partie de la science qui suppose, chez qui ose l'exercer, les qualités les plus rares, des sens exquis, une main sûre, prompte, légère, une pitié mâle, un esprit étendu, meublé de faits, profond, sagace, et dans les dangers imprévus vif et calme, hardi et prudent, plein de ressouces et de fermeté. »

Ce fut alors que Dupuytren déploya les moyens infinis qu'il avait en lui. Là commença, se développa et s'établit cette brillante renommée qui retentit dans les deux mondes. Activité, zèle, attention dans le service et dans l'enseignement, tout en lui fut admirable.

Dupuytren se rendait à l'Hôtel-Dieu le matin de

fort bonne heure : longtemps on le vit arriver avant le jour ; pendant plus de douze ans, il fit une seconde visite le soir. A son entrée, il faisait l'appel des élèves employés dans son service ; il était sévère, exigeant, mais toujours dans l'intérêt des malades. Entouré d'une foule immense, recueillie, avide d'entendre et de voir, il se montrait ordinairement silencieux et grave ; il ne s'arrêtait pas à chaque malade, mais aucun ne lui échappait (on a compté plus de trois cents lits dans son service). Les arrivants, les nouveaux opérés, ceux dont l'état réclamait ses soins, étaient interrogés, examinés, pansés par lui avec une attention scrupuleuse. Quelques opérations étaient pratiquées dans le grand amphithéâtre de l'Hôtel-Dieu. Une ou deux questions adressées au malade lui suffisaient souvent. Si parfois des doutes s'élevaient dans son esprit, il prolongeait son examen. Il commençait toujours par interroger les malades avec douceur et encouragement ; mais, il faut le dire, rarement ils savaient répondre. Un entendement méthodique comme le sien semblait vouloir qu'on le comprît et qu'on y répondit ; c'est ce qui n'arrivait pas. Une remarque de presque tous les jours, dans les hôpitaux, est l'opiniâtreté que mettent les malades à cacher la vérité. Aussi Dupuytren disait-il : « La gent malade est éminemment menteuse. » Que de fois on l'a vu s'efforcer d'arracher à ces malheureux obstinés des aveux qui lui coûtaient une peine infinie à obtenir. Souvent alors, poussé à bout, il s'aigrissait, sa voix devenait plus élevée, saccadée, sa figure s'animait, il souffrait visiblement, et, tandis qu'il ne cherchait que la vérité d'où dépendait le salut des malades, on l'accusait de dureté !

Il était admirable avec les enfants : il les aimait, les caressait, et se livrait avec eux à une joie naïve quand il les avait soulagés. Peut-être n'avait-il que là de véritable abandon! Peut-être n'avait-il que là de véritable jouissance! Dupuytren connaissait trop bien le cœur humain; il savait que dans cet âge d'innocence et de candeur on ne rencontre ni l'ingratitude ni l'injustice. Qui pourrait oublier ces scènes touchantes où, après avoir donné la vue à ces pauvres enfants nés aveugles, Dupuytren leur apprenait à regarder! On sait que l'aveugle de naissance qu'une opération vient de mettre en état de voir, ne sait pas regarder, fixer et distinguer les objets. Semblables à ces animaux qui, dans l'obscurité, s'assurent, au moyen de certains organes, de l'état des corps qui les entourent, ceux qui ne savent pas regarder, bien qu'ils soient aptes à cet acte, se servent de leurs bras et de leurs mains pour rectifier par le toucher les erreurs de la vue. Dupuytren, pendant un certain temps après l'opération, donnait chaque jour une leçon à ces êtres si intéressants. Il laissait d'abord le petit malade s'assurer par ses mains de ce qu'il voyait; mais bientôt il le privait de ce seul moyen, en lui fixant les bras derrière le dos; il le plaçait ainsi à une extrémité de la salle et lui à l'autre, les assistants rangés de chaque côté; alors il l'engageait à venir à lui, et, touché de son embarras, il lui disait avec douceur : « Allons, mon fils, courez donc; » puis, lorsque l'enfant savait se diriger et regarder, et qu'il arrivait jusqu'à lui, lorsque enfin cette éducation de la vue était achevée, Dupuytren était heureux, car la joie du maître était aussi naïve que celle de l'élève, et cette expression si vraie de bonheur avait quelque chose qui portait à l'attendrissement.

Tout, en Dupuytren, était d'une intelligence supérieure ; mais ce qui tenait du merveilleux était son diagnostic. Il faut avoir été témoin des opérations d'un jugement aussi prompt et aussi juste pour n'en pas douter. Son œil vif plongeant en même temps que sa rapide pensée dans la profondeur des organes, découvrait ce qui était invisible à d'autres. S'agissait-il d'un abcès profond, obscur, douteux, soumis à une longue et inutile investigation étrangère, Dupuytren apparaissait, et déjà la maladie était jugée et opérée. Une luxation résistait-elle aux efforts des chirurgiens, un trait d'intelligence amenait une question imprévue, foudroyante parfois ; l'attention du malade était distraite, les puissances physiques étaient vaincues par l'influence morale, les forces musculaires cédaient, et la luxation était réduite. « Vous vous adonnez à la boisson, Madame, je le sais ; votre fils me l'a dit » ; paroles terribles adressées par Dupuytren à une femme sobre et décente, dans l'impossibilité où il se trouve de remettre son bras luxé ; atterrée par cette apostrophe, elle va s'évanouir, mais le bras est replacé ! « Remettez-vous, Madame, vous êtes guérie ; je sais que vous ne buvez que de l'eau ; c'est encore votre fils qui me l'a dit. »

Nous regrettons de ne pouvoir entrer ici dans de plus longs détails, et citer encore des exemples de cette étonnante faculté qui ne s'est jamais affaiblie. La langueur même des derniers moments de Dupuytren n'avait ni émoussé cette finesse, ni ralenti cette promptitude. Un jeune homme avait été blessé depuis quelque temps; la veille de la mort de Dupuytren, on l'introduit dans sa chambre; une luxation du coude existe, elle a été méconnue d'un habile chirurgien : Dupuytren mourant la reconnaît d'un regard.

Cependant, avec la plus admirable lucidité, des causes imprévues peuvent amener parfois des effets inattendus, terribles. Dupuytren, soumis à la loi commune des événements, s'est vu rarement, il faut le dire, surpris et malheureux, mais toujours calme. Sa présence d'esprit savait pourvoir à tout, arrêter les accidents, les faire servir même au salut du malade; et, dans ces mécomptes ou ces revers que nulle puissance humaine ne saurait empêcher, on l'a vu se montrer sublime et laisser dans l'esprit des auditeurs des préceptes ineffaçables.

Pendant la visite, l'esprit de Dupuytren avait amassé les matériaux qui allaient servir à une brillante leçon, et ces mots seuls : « Marquez ce numéro, » répétés plusieurs fois dans le cours de la visite, indiquaient quels étaient les malades dont il devait entretenir son auditoire. En quittant les salles, il entrait à l'amphithéâtre, où la foule l'attendait; et là, empressés comme au lit des malades, les élèves, les médecins, les professeurs, les célébrités étrangères, venaient s'asseoir et se former à l'école du grand maître. Il exposait avec clarté l'histoire de quelques maladies. Sa voix, basse d'abord, puis s'élevant graduellement, devenait sonore, entraînante; mais lorsqu'il venait à annoncer une de ces opérations graves et difficiles, la majesté paraissait couronner son front; il y avait alors en lui quelque chose qui semblait d'une nature surhumaine! Il faisait ordinairement chaque jour plusieurs opérations, dans lesquelles il apportait un sang-froid si imperturbable, qu'il expliquait, en la pratiquant, chaque phase de l'opération ; et, comme il voulait que chacun pût voir, il n'hésitait pas à prendre des positions souvent gênantes pour lui, et qui le privaient de cette grâce à laquelle les chirurgiens attachent quelque mérite et beaucoup trop d'importance.

Dupuytren se montra chirurgien éminemment consciencieux. On a avancé qu'il opérait beaucoup, qu'il opérait trop souvent. Ceci est inexact. Dupuytren fut toujours sobre d'opérations, et l'on a dit avec raison qu'en montrant aux élèves toutes les routes que son esprit avait battues pour arriver à la vérité, il était persuadé qu'il les servait mieux en leur enseignant les opérations intellectuelles, que les opérations de la main.

Après avoir consacré quatre heures au moins au soulagement des malades, à l'instruction des élèves, il ne quittait pas encore l'amphithéâtre. Une foule de malades venus de la ville, des campagnes, des provinces, attendaient avec impatience ses avis. Pendant une ou deux heures, chaque jour, un grand nombre de ces malheureux étaient examinés et opérés par lui, et recevaient ses conseils : c'était la consultation gratuite. Ces consultations sont une des institutions qui ont le plus d'honneur et qui rendent le plus de services à l'humanité. Grâces à elles, les classes les plus pauvres de la société se trouvent élevées au niveau des plus riches, et reçoivent, malgré leur indigence, les mêmes conseils que l'opulence la plus exigeante. Souvent Dupuytren se levait pour aller au-devant de

DUPUYTREN visitant un malade.

ces malheureux; et, par une louable prévenance, il leur réservait parfois, à la fin de ses consultations publiques, un moment d'entretien, d'où la foule des élèves était écartée.

Jamais un devoir particulier n'a pu détourner Dupuytren de son service à l'hôpital, et il est sans exemple qu'il ait pris sur les pauvres le temps que les riches réclamaient de lui. Pendant cette consultation, le plus souvent il était encore entouré de nombreux élèves qui recueillaient avidement ses paroles et ses prescriptions. Enfin arrivait le moment où il quittait l'Hôtel-Dieu. On le voyait toujours le même, toujours grave et mélancolique, déposer le tablier, recevoir son chapeau des mains de l'infirmier, prendre le petit pain remis chaque matin, de temps immémorial, au chirurgien, le placer sous son bras, et regagner lentement sa demeure de la place du Louvre, en traversant les quais et le Pont-Neuf, vêtu d'un simple et fort modeste habit vert, quelque temps qu'il fît, souvent accompagné par quelques jeunes médecins, qu'il continuait d'entretenir de ce qui avait fixé le plus particulièrement leur attention, ou écoutant ceux qui avaient quelques malades de la ville à lui recommander. Ainsi il avait déjà donné la moitié de la journée aux pauvres malades! Le reste du jour était employé, soit à l'Ecole de Médecine, soit au sein des sociétés savantes dont il était membre; à sa correspondance médicale, à ses consultations particulières, à son immense clientèle, Chacun peut comprendre maintenant si Dupuytren a consacré sa vie à l'humanité, si Dupuytren a été un homme vraiment utile!

Quelques personnes estiment que Dupuytren a

peu écrit. C'est sans doute parce qu'il n'a pas laissé d'énormes volumes. Mais doit-on compter pour rien tous ses mémoires, ses savantes et éloquentes leçons orales de chaque jour, sur des sujets si variés? leçons qui, recueillies par ses élèves ou les rédacteurs de journaux scientifiques, ont produit des pages aussi brillantes que nombreuses, où l'on retrouve non seulement l'esprit, les préceptes du maître, mais encore ses expressions, nous dirons presque sa touche, pour ne pas dire son style?

Nous ne pouvons pas parler avec détail des travaux de Dupuytren. Sans rappeler tous les procédés qu'il a mis en usage, tous les instruments qu'il a inventés, perfectionnés, nous citerons seulement les parties de la science qui ont fixé le plus particulièrement son attention. Les Œuvres de Sabatier, augmentées d'un volume, ont reçu une nouvelle édition, faite par ses soins et sous ses yeux. Il a écrit sur l'anatomie, la physiologie, l'anatomie pathologique, la chirurgie, l'hygiène, la médecine. Il a retracé avec éloquence la vie de Corvisart, de Pinel, de Richard. Dupuytren est l'auteur d'une brochure, fort rare aujourd'hui, et presque oubliée, qui fit sensation à l'époque où elle parut, autant par l'énergie du style que par la peinture de la scène sanglante du 14 février 1820. Elle a pour titre : *Déposition faite le 25 mars 1820, à la Chambre des Pairs, sur les événements de la nuit du 13 au 14 février.*

La vie de Dupuytren a été courte, mais elle a été remplie de continuelles actions de bien. Aux époques remarquables, dans ces luttes sanglantes qui bouleversent les empires, pendant ces crises violentes des fièvres populaires, à l'apparition effrayante de ces fléaux destructeurs, toujours on le vit à son poste, toujours sa première pensée fut à l'humanité, à la science, sans distinction de personnes, de rangs ou d'opinions : c'est ainsi qu'en 1814, 1830, 1832, son infatigable activité, ses soins généreux, son courageux dévoûment, furent au-dessus de tout éloge, et resteront gravés dans le souvenir des hommes, comme un monument impérissable de sa gloire !

Dupuytren a fait le bien dans l'ombre, en silence ; il a secouru la souffrance, consolé le malheur, relevé l'infortune : craignons de troubler sa cendre en soulevant ici le voile qui couvre tant de généreuses actions ! Ceux-là qui furent l'objet de sa sollicitude, de sa libéralité, savent assez quel soin il prenait de cacher la main qui répandait sa mystérieuse bienfaisance.

Dupuytren était professeur à la Faculté de Médecine de Paris, chirurgien en chef de l'Hôtel-Dieu, membre de l'Institut et de l'Académie de Médecine. Il avait fait partie du conseil de salubrité, et avait été inspecteur général de l'Université. Premier chirurgien de deux rois, il avait été créé baron, officier de la Légion d'honneur, chevalier des ordres de Saint-Michel et de Saint-Wladimir de Russie. Il était recherché et honoré dans la société la plus élevée et la plus brillante. Son nom est devenu célèbre, non seulement dans l'Europe, mais dans les deux mondes.

Possesseur d'une grande fortune, qu'il ne devait qu'à lui-même, Dupuytren s'est montré parfois généreux et désintéressé outre mesure. Un fait suffit pour prouver sa reconnaissance. Déchu et dans l'exil,

Charles X, dont il avait été le premier chirurgien, se voit pendant quelque temps réduit à un état voisin de la gêne. Au temps de sa puissance, il a été le bienfaiteur de Dupuytren; au temps des revers, celui-ci s'en souvient : il met une partie de sa fortune à la disposition de l'exilé, qui l'accepte, et déjà Dupuytren se dispose à envoyer un million, lorsqu'une lettre lui apporte des remerciments, des expressions de reconnaissance, et l'assurance d'un état moins précaire! Nous ne dirons pas à qui des deux ce trait fait le plus d'honneur, mais assurément il en fait à l'un et à l'autre!

Parmi les legs que Dupuytren a laissés, et dont il ne nous appartient pas de parler, il en est un qui prouve son attachement à la Faculté et à ses élèves. Il a laissé à l'Ecole de Médecine de Paris deux cent mille francs pour la fondation d'une chaire et d'un cabinet d'anatomie pathologique, en confiant à M. Orfila le soin de veiller à l'exécution. Il légua à M. Pignier, son neveu, sa bibliothèque, et à M. le docteur Marx, son élève et son ami, ses instruments et ses manuscrits.

Ce fut en 1833, au mois de novembre, que Dupuytren ressentit, sur le Pont-Neuf, en allant à l'Hôtel-Dieu, la première atteinte de sa maladie; il s'y rendit cependant, et voulut faire son service. De retour chez lui, et reconnaissant les symptômes d'une légère apoplexie, il se fit pratiquer une saignée, et céda quelques jours après aux instances de ses amis, qui lui conseillaient de prendre du repos et d'aller en Italie. Ce voyage fut pour lui comme un long triomphe que sa renommée lui avait préparé. Bientôt son état s'améliora; mais, sous le beau ciel de Naples et de Rome, entouré de sa famille, qui l'avait accompagné, et qu'il chérissait, une idée le préoccupait : sa pensée le ramenait sans cesse à l'Hôtel-Dieu. Il voulut revenir; il voulut se retrouver au milieu de ses malades, de ses élèves; il revint en effet. Il reparut à l'Hôtel-Dieu, à l'Ecole de Médecine, et cette grande lumière de la chirurgie lança encore quelques rayons. Un dernier coup vint le frapper. Ebranlé, il lutta de nouveau; mais, épuisé, il s'éteignit le 8 février 1835, à trois heures du matin.

J. COOK
1728-1775

Le plus illustre parmi les *Navigateurs utiles* contemporains, celui dont le nom se rattache à toutes les grandes découvertes dans une cinquième partie du monde, et auquel était réservée la gloire d'ouvrir l'ère de la navigation scientifique : c'est le fils d'un paysan, c'est un simple matelot, qui n'a dû son instruction qu'à lui-même.

Jacques Cook naquit, le 27 octobre 1728, au village de Marton (comté d'York). Son père était un pauvre paysan chargé de famille. Jacques était entré dans sa huitième année, lorsque, de garçon de ferme, son père devint fermier de la terre d'Airy-Holm. Le propriétaire de ce domaine paya les mois d'école de Jacques, qui apprit ainsi à lire et à écrire, et fut mis en apprentissage chez un mercier de Steith, à peu de distance de Newcastle. Il avait alors treize ans : la vue de la mer éveilla en lui une âme nouvelle. Une altercation qu'il eut avec son maître l'engagea bientôt à quitter le comptoir pour l'entrepont, l'existence sédentaire du marchand pour la vie aventureuse et vagabonde du marin. Il s'enrôla comme novice sur un bâtiment qui faisait le commerce du charbon de terre, servit ensuite comme matelot et devint maître d'équipage. Sur ces entrefaites, la guerre éclata entre l'Angleterre et la France (1755). On sait qu'il est d'usage chez les Anglais de recruter les équipages militaires aux dépens des navires de commerce. Il paraît que Cook voulut d'abord se soustraire aux recherches ; mais il ne tarda point à reconnaître qu'un changement dans sa position était loin d'être redoutable, et il alla de lui-même s'offrir. Embarqué sur le vaisseau de guerre l'*Aigle*, il se distingua du vulgaire des matelots par des preuves d'intelligence et d'intrépidité qui intéressèrent en sa faveur le capitaine sir Hugh Palliser. En même temps, les habitants de son village informés de sa conduite, engagèrent leur représentant à le recommander au capitaine. C'est ainsi que Cook, passant de l'*Aigle* à bord du *Mercure*, obtint le poste de maître d'équipage (1759).

Le Mercure, qui faisait voile pour le Canada, y arriva pendant le siége de Québec par Wolf. Cook dut sonder le canal au nord de l'île d'Orléans : l'habileté qu'il déploya dans le lever de ce plan lui valut, avec les louanges des officiers, l'honneur d'être désigné pour faire la carte du cours du fleuve Saint-Laud'en ordonner une seconde, dont le plan était plus vaste encore, et qui se composait de deux vaisseaux *la Résolution* et l'*Aventure*. Cook, promu au grade de commandant, avait la suprême direction des deux navires et montait le premier ; le second était sous les ordres du capitaine Furneaux. Le grand objet de cette deuxième circumnavigation du monde était la solution du problème des Terres-Australes. Beaucoup de géographes, à cette époque, inclinaient à croire que l'hémisphère méridional devait, pour faire équilibre à l'autre, ou être parsemé d'îles considérables, ou être occupé par un troisième continent. Pendant les trois ans qu'absorba ce second voyage, Cook fit, à trois reprises différentes, des tentatives pour s'approcher du pôle antarctique. Il constata que le prétendu cap de la Circoncision, placé par Bouvet à 50° de latitude sud, n'existe pas, et que probablement cet officier prit un énorme bloc de glace pour une terre. Dans les intervalles de ses navigations antarctiques, il se délassait en parcourant les archipels délicieux de la mer Pacifique : il revoyait la Tasmanie et les îles de la Société ; il relâchait dans celles du Saint-Esprit, de Quiros et dans celle des Amis ; il visitait les Sandwich ; il découvrait la Nouvelle-Calédonie et en relevait la côte orientale. De retour à Portsmouth, le 3 juillet 1775, il fut reçut avec les applaudissements les plus vifs, et l'enthousiasme public le proclama le premier navigateur du siècle. Le roi d'Angleterre le nomma capitaine de vaisseau, et joignit à ce grade un emploi lucratif et peu pénible dans l'hôpital de Greenwich. La Société royale de Londres l'admit à l'unanimité dans son sein, en 1776.

La même année vit préparer un troisième voyage de découverte, dont Cook, dans un mouvement d'enthousiasme, réclama le commandement ; l'Amirauté n'avait osé le lui proposer après tant de fatigues. Il s'agissait encore d'une grande question, mais qui, cette fois, ne devait pas se résoudre si promptement : c'était l'existence du passage nord-ouest, objet de tant de fables depuis deux siècles. Cook quitta l'Angleterre, le 12 juillet 1776, pour ne jamais la revoir. Deux vaisseaux encore étaient sous son commandement : *la Résolution*, qu'il montait, et *la Découverte*, sous les ordres du capitaine Clerke. De Plymouth, ils firent voile pour le cap de Bonne-Espérance, visitèrent l'île de Kerguelen, dont Cook voulut assez inutilement changer le nom, touchèrent à celle de Van-Diémen et à la Tasmanie, visitèrent encore les archipels de la Société, des Amis, de Sandwich. Cook fit quelques découvertes dans la partie orientale de ces îles. Songeant ensuite au but essentiel de son voyage, il se porta vers la côte nord-ouest d'Amérique. Le temps l'empêcha de serrer le littoral autant qu'il l'eût voulu, et de reconnaître le prétendu détroit de Jean Fuca. Il n'en continua pas moins sa route au nord, se rapprocha de la côte vers les 57 et 59° degrés de latitude, s'engagea dans la baie du prince William, avec l'espoir que la baie serait un bras de mer, reconnut son erreur à cinquante lieues de l'entrée, revint alors sur ses pas, côtoya la péninsule d'Alaska et les îles Aléoutiennes, franchit le détroit de Behring, qui sépare l'Asie sibérienne de l'Amérique septentrionale, et parvint à 70° 44' de latitude. Là, d'énormes glaçons flottants environnèrent ses deux vaisseaux, et il aperçut dans le lointain des montagnes de glaces fixes. L'impossibilité d'avancer, au moins en cette saison, dans cet empire de l'hiver éternel l'obligea à rétrograder. Les bas-fonds de la côte américaine ajoutaient au péril. Il redescendit par 68° 56' de latitude jusqu'en vue de la côte d'Asie, puis se dirigea sur les îles Sandwich, pour en achever la reconnaissance. Le 26 novembre on aperçut Maoui, la plus centrale de l'Archipel ; quelques jours après, les deux navires mouillèrent dans la baie de Karakakoua, île d'Aouaï (Owhihee). Ils y restèrent jusqu'au 4 février suivant. Un accident survenu au mât de misaine de *la Résolution* ramena toute l'expédition dans la baie de Karakakoua. Jusque-là, les indigènes et l'équipage n'avaient eu que des relations amicales ou de légères contestations. Mais, cette fois, les larcins, tantôt à terre, tantôt à bord des vaisseaux, devinrent si fréquents, et les insulaires refusèrent si obstinément de restituer, que Cook crut devoir prendre une mesure décisive. Suivi de dix hommes armés, il descendit à terre afin de s'emparer du roi de l'île, le vieux Terreobou, et de le retenir captif à bord de son vaisseau jusqu'à ce que tout fût rendu. Terreobou suivait les Européens, lorsque ses sujets, ameutés par ses femmes et par deux chefs, s'opposèrent à son départ et enveloppèrent les Anglais, qui firent feu pour se dégager, mais qui bientôt furent assaillis par la foule et presque tous mis hors de combat. Pour Cook, il inspirait un tel respect aux insulaires que nul n'osa l'attaquer tant qu'il les regarda en face. Mais, s'étant tourné un instant vers le canot pour donner des ordres, il fut frappé d'un poignard dans le dos et tomba le visage dans la mer. Ses ennemis l'en retirèrent sur-le-champ et le mirent en pièces, persuadés que la part qu'ils prenaient à cette victoire sur l'homme blanc leur porterait bonheur dans toutes leurs guerres. Aussi les Anglais ne purent-ils, malgré leurs efforts, recueillir que quelques débris de son corps. Ils les ensevelirent avec les honneurs religieux et militaires. Le capitaine Clerke qui lui succéda, étant mort peu de temps après, le lieutenant Gore ramena en Angleterre l'expédition, veuve de ses deux chefs (6 octobre 1780).

Cook possédait toutes les qualités qui font le grand homme de mer. Hardi dans ses conceptions, prudent lorsqu'il s'agissait d'exécuter, perspicace, prompt à prendre un parti, robuste, froid, inébranlable dans le danger, il n'était jamais aussi à l'aise que lorsqu'il avait de grandes tâches à remplir, de grands obstacles à surmonter. On pourrait lui reprocher des emportements, de l'orgueil, de la jalousie, surtout à l'égard Français. La postérité oublie ces torts pour ne s'occuper que des services rendus. Les marins ne doivent point oublier que c'est lui qui, le premier, prit soin de la santé de ses équipages. A ce titre, il reçut de la Société royale de Londres le prix fondé par sir Godefroy Copley, pour celui qui aurait fait les expériences les plus utiles à la conservation des hommes.

Premier navire à vapeur conduit par FULTON
sur les fleuves d'Amérique.

FULTON
1765-1815

Il en est de l'application de la machine à vapeur à la navigation, comme de cette machine elle-même. Le premier inventeur est un Français, Denis Papin (1695). Les auteurs des premiers essais, ce sont encore deux Français, Périer et le marquis de Jouffroy (1775-1781). Les essais des Anglais sont de 1791 à 1801. Mais c'est à Fulton que l'univers est redevable de la première application pratique de cette grande découverte, l'un des prodiges de notre temps. Ainsi la navigation à vapeur est due, comme le paratonnerre, à un Américain.

Robert FULTON naquit, en 1765, à Little-Britain, comté de Lancaster, en Pensylvanie, de parents irlandais. Il avait à peine trois ans quand il perdit son père, qui ne laissa qu'un modique patrimoine à partager entre sa veuve et cinq enfants : aussi Fulton ne reçut-il qu'une éducation très incomplète dans l'école de sa ville natale. Son génie toutefois y suppléa. Rarement il se mêlait aux jeux de ses camarades. Pendant les heures de récréation, il se retirait dans sa chambre pour étudier : il visitait les ateliers des artisans, dessinait ou travaillait à quelque ouvrage mécanique. Sa mère l'envoya fort jeune à Philadelphie, où il entra chez un joaillier, pour apprendre cette profession. Ses occupations néanmoins ne l'empêchèrent point de se livrer avec assiduité et succès à l'étude de la peinture. Ses progrès dans cet art furent tels, qu'avant d'avoir atteint l'âge de dix-sept ans, il se faisait déjà un assez joli revenu de la vente de ses portraits et de ses paysages, et que, dans l'espace de quatre ans, il gagna de quoi acheter une ferme, qu'il donna à sa mère. Etant allé à cette époque visiter les Sources Chaudes de Pensylvanie, M. Samuel Scorbitt et d'autres personnages de distinction, qui y étaient à prendre les eaux, frappés des talents qu'il annonçait pour la peinture, lui recommandèrent d'aller à Londres, où West, qui avait déjà acquis une certaine célébrité, serait fier, lui dirent-ils, de cultiver les dispositions étonnantes de son jeune compatriote. Franklin lui avait déjà donné le même conseil. Fulton résolut donc de partir pour l'Angleterre, et M. Scorbitt lui ayant fourni les moyens d'entreprendre le voyage, il alla s'embarquer à New-York.

A son arrivée à Londres, West le reçut comme un élève et un ami. Après avoir passé ensemble plusieurs années, lorsqu'il fallut enfin se séparer, les deux amis se firent réciproquement leur portrait, qu'ils conservèrent comme un gage de leur attachement. Fulton n'exerça point longtemps la profession de peintre; car, désespérant d'atteindre à la perfection dans cet art, et entraîné d'ailleurs par un goût dominant, il quitta les pinceaux pour s'adonner entièrement à la mécanique. Pendant deux années qu'il résida à Exeter, dans le Devonshire, il fut distingué par le duc de Bridgewater et le comte de Stanhope, bien connus tous deux par la généreuse protection qu'ils accordaient aux arts. De retour à Londres, Fulton y rencontra son riche compatriote, M. James Rumsey, qui était venu avec la louable intention de transporter dans sa patrie la machine à vapeur et les autres inventions utiles de l'Angleterre. La conformité de leurs goûts produisit une grande intimité entre ces deux hommes remarquables, et c'est peut-être à cette circonstance que l'on doit attribuer l'essor que prirent alors les facultés inventives de Fulton. On a trouvé, parmi ses papiers, un manuscrit, daté de 1793, où il s'exprime déjà avec confiance sur la possibilité d'appliquer la vapeur à la navigation. Il travailla aussi, vers ce temps, à perfectionner le système des canaux, et en proposa un dont il avoue avoir reçu l'idée de son ami le comte de Stanhope. En 1794, il obtint un brevet pour un « *plan incliné double,* » qui devait remplacer les écluses, et, la même année, il présenta à la Société d'encouragement de l'Industrie et du Commerce un *moulin* de son invention, pour scier et polir le marbre, qui lui valut les félicitations de la société et une médaille d'honneur. Il inventa aussi une *machine à filer le chanvre et le lin,* une autre pour *faire des cordes,* et une troisième pour *creuser la terre* dans certaines localités, dont on se sert encore aujourd'hui en Angleterre. Reçu ingénieur civil en 1795, il s'occupa presque exclusivement de canalisation, et, l'année suivante, il publia, à Londres, le résultat de ses recherches. Son système consiste à construire les canaux sur une échelle moins grande, et à substituer aux écluses des plans inclinés, sur lesquels de petits bateaux, jaugeant de huit à dix tonneaux, sont élevés ou descendus, ainsi que leur chargement, d'un niveau à un autre, au moyen de machines mues par la vapeur ou par l'eau. Ce procédé ingénieux fut approuvé par le Bureau d'agriculture et par le général Washington, à qui il en avait communiqué le plan. En 1797, ayant obtenu du gouvernement anglais un brevet pour ce nouveau système de canalisation, il passa en France, où il se proposait également de l'introduire. Arrivé à Paris, il adressa au Directoire des « *Observations sur la liberté du commerce,* » et publia, à la même époque, un « *Appel aux amis du genre humain,* » où il recommande l'instruction du peuple et les améliorations intérieures qui, suivant lui, sont la base de la prospérité nationale. Ses *Lettres* au comte de Stanhope, sur le même sujet, parurent en 1798.

Le poète Barlow, depuis ambassadeur des Etats-Unis en France, conçut la plus vive amitié pour Fulton, et ne voulut point, durant les sept années qu'il résida à Paris, qu'il demeurât ailleurs que chez lui. Il le mit en relation avec des savants de l'Institut, et des ingénieurs civils et militaires, dont la conversation et les écrits étendirent considérablement le cercle des idées de Fulton. Il l'intéressa aussi dans l'entreprise lucrative des Panoramas, pour laquelle Fulton exécuta le premier tableau qui ait été exposé à Paris. Le succès de cette spéculation resserra encore davantage les liens d'amitié qui unissaient le mécanicien et le poète, et celui-ci dédia à Fulton son poème épique de la *Colombiade.*

Dans l'espoir de détruire le système de guerre maritime des Européens, Fulton s'était, depuis quelque temps, attaché à découvrir si la science mécanique ne pourrait point fournir un moyen de forcer la nation la plus puissante à partager avec la plus faible l'empire d'un élément auquel elle avait, suivant lui, un droit égal. Ce fut cette considération humaine et philanthropique qui lui suggéra la première idée de son système de « navigation et d'explosion sous-marines. » Déjà, en 1797, il avait fait, sur la Seine, de concert avec Barlow, l'expérience d'une explosion sous l'eau, produite par une espèce de bombe, qu'il appelait *torpedo*. Quand il eut perfectionné son *nautilus* ou « bateau sous-marin, » il l'offrit une première fois sans succès au Directoire exécutif. S'il ne réussit pas mieux la seconde, il eut du moins la satisfaction de le voir approuver par la commission qui avait été chargée de l'examiner. Il s'adressa alors à la République batave, par l'entremise de Schimmelpennink, son ambassadeur à Paris : nouveau refus. Enfin, en 1801, Bonaparte, devenu premier consul, commit Volney, Laplace et Monge, pour lui faire un rapport sur l'invention de Fulton. Celui-ci leur communiqua des détails intéressants sur deux excursions sous-marines qu'il venait de faire au Havre, dans son bateau plongeur. Dans l'une, il était resté sous l'eau, sans renouvellement d'air, durant trois heures, et dans l'autre, au moyen de certains perfectionnements, cinq hommes avaient pu y demeurer six heures, et en sortir à cinq lieues du point de départ. Sur le rapport favorable de ces savants, Fulton fut envoyé à Brest. Là, en présence de l'amiral Villaret, il alla, dans son bateau, attacher un torpedo contre le flanc d'un vieux navire, disposé à cet effet, et qui bientôt sauta en l'air, à une hauteur considérable. Il épia ensuite, dans ce port, jusqu'à la fin de l'été, une occasion de tenter l'expérience contre un des vaisseaux anglais, en croisière sur la côte; mais aucun d'eux ne s'étant approché suffisamment de terre, il dut y renoncer, et Bonaparte, impatienté du retard, retira sa protection à Fulton, qui aurait pu lui ouvrir l'Angleterre.

Fulton, de retour à Paris, y trouva le ministre américain Livingston, qui l'encouragea à reprendre son ancien projet d'appliquer la vapeur à la navigation. Il se mit donc en devoir de construire un bateau à vapeur, et, en 1803, l'ayant achevé, il en fit avec succès l'épreuve sur la Seine, en présence de membres de l'Institut et d'un concours nombreux de spectateurs.

Cependant, les découvertes de Fulton avaient excité la plus vive anxiété en Angleterre. Lord Stanhope en parla à la Chambre des lords, et le ministre, lord Sidmouth, ayant invité Fulton à passer en Angleterre, celui-ci partit pour Londres au mois de mai 1804. Comme il ne pouvait mener à fin ses projets sans l'aide d'un gouvernement, et que la France avait cessé d'encourager son entreprise, il n'hésita point à offrir à la Grande-Bretagne son système de guerre sous-marine. Le dépit n'entrait pour rien dans sa détermination. Il savait que la nation qui adopterait son système forcerait de ce moment les autres à l'imiter et que, du reste, il était inutile pour l'attaque, et ne pouvait servir qu'à la défense. Pitt, alors premier ministre, ne paraît pas avoir goûté beaucoup une invention qui pouvait un jour porter atteinte à la souveraineté de l'Angleterre sur l'Océan; et, en appelant Fulton à Londres, il semblerait plutôt avoir cédé au désir de priver la France de ses services. Il nomma néanmoins une commission pour en prendre connaissance, mais celle-ci apporta tant de lenteur dans son travail, et s'en acquitta avec tant de mauvaise grâce, qu'il était évident que le gouvernement n'attachait pas grand prix au résultat de cette enquête.

N'éprouvant que mécompte et dégoût en Europe, Fulton se décida à retourner dans sa patrie. Il s'embarqua donc pour New-York, où il arriva au mois de décembre 1806. Diverses circonstances, et l'attaque faite en violation du droit de neutralité, par le vaisseau anglais *le Léopard* contre la frégate américaine *Chesapeake* (1807), avaient aigri l'esprit public aux Etats-Unis, et rendaient probable une guerre avec l'Angleterre. Fulton s'attacha en conséquence à perfectionner son système du torpedo, et fit, aux frais du gouvernement, dans le port de New-York, plusieurs expériences qui furent couronnées d'un plein succès. Il était même parvenu à ajouter à son appareil un moyen de couper le câble des bâtiments à l'ancre, à l'aide d'un canon qu'il faisait partir sous l'eau, et le résultat de cet essai fut si satisfaisant, qu'il en conçut l'idée de tirer sous l'eau des canons chargés à boulets ou à bombes. Le congrès vota, en 1810, une somme de 5,000 dollars (25,000 fr.) pour aider Fulton à continuer ses recherches.

Concevant les avantages incalculables qu'un pays nouveau et vaste comme l'Amérique, coupé de lacs et de fleuves navigables, et abondant en combustibles, devait retirer de la navigation à vapeur, Fulton s'était occupé avec M. Livingston, dès son arrivée à New-York, de construire un navire de ce genre pour naviguer sur l'Hudson. En 1807, il fut lancé, et commença son service avec une vitesse de huit kilomètres à l'heure. Le moment où le bâtiment s'éloigna pour la première fois du quai fut peut-être le plus heureux de la vie de Fulton. Il venait d'y monter au milieu des rires et des huées d'une ignorante multitude. Quelques instants suffirent pour détromper les incrédules, et l'étonnement et l'admiration du peuple éclatèrent en acclamations bruyantes et prolongées.

Tout entier à ses travaux mécaniques, Fulton refusa l'offre avantageuse que lui fit le secrétaire d'Etat, général Dearborn, de diriger l'étude du canal entre le Mississipi et le lac Pontchartrain. Dans sa réponse, il recommanda de joindre les lacs de l'ouest avec l'Hudson par un canal, et, en 1810, la législature le chargea d'en tracer la route avec d'autres ingénieurs. Cette gigantesque entreprise, qui réunit les eaux des lacs Eriée et Ontario à celles de l'Océan, a depuis reçu son exécution.

Cependant, les hostilités entre les Etats-Unis et l'Angleterre (1812) ramenèrent l'attention de Fulton à son système de guerre sous-marine. Il reprit aussi son projet de tirer le canon sous l'eau, et, après diverses expériences, qui répondirent pleinement à son attente, et prouvèrent qu'on pouvait se servir utilement de batteries sous-marines, il acquit, en 1813, le privilége exclusif de cette découverte. Ce fut en 1814 que Fulton eut l'idée de construire des frégates à vapeur pour la défense des ports. Le comité des côtes et de la rade de New-York s'offrit d'en exécuter une à ses frais; mais la législature de l'Etat, à qui Fulton en avait soumis le plan et le devis, affecta à cet objet une somme de 320,000 dollars (1,600,000 fr.) Le 20 juin, Fulton posa la quille de la frégate, et, au mois d'octobre suivant, elle était à flot. En mai 1815, la machine fut mise à bord, et, le 4 juillet, le bâtiment manœuvra pour la première fois sur l'Océan. Il fut nommé le Fulton Ier. Il avait 145 pieds de long sur 55 large. Il était formé de deux bateaux, séparés par un espace de 66 pieds de long sur 15 de large, où était placée la roue. La machine qui mettait cette roue en action, garantie par des bordages de 6 pieds d'épaisseur, ne pouvait être endommagée par le feu de l'ennemi. Sur le pont, plusieurs centaines d'hommes pouvaient manœuvrer à l'aise, à couvert d'un fort rempart. Le navire avait deux beauprés et quatre gouvernails, un à l'extrémité de chaque bateau, et pouvait avancer ou reculer à volonté. Il était percé de trente embrasures, par où autant de canons de 32 devaient lancer des boulets rouges. A l'avant et à l'arrière, se trouvaient deux pièces énormes, de cent livres, à l'aide desquelles on pouvait battre les flancs du vaisseau ennemi, avec des boulets de ce calibre, à dix ou douze pieds au-dessous de l'eau. Des faulx, mises en mouvement par la machine, armaient les flancs du vaisseau et le rendaient inabordable, et de grosses colonnes d'eau, projetées par plusieurs bouches de fer sur le pont et dans les sabords du navire attaquant, devaient inévitablement le submerger.

Malheureusement, Fulton ne devait point voir les effets merveilleux de cette inexpugnable forteresse flottante. D'une constitution naturellement délicate, et doué d'une extrême sensibilité nerveuse, il conçut un chagrin profond de voir des services de bateaux s'établir sur des rivières dont il avait acquis le privilége exclusif de navigation. Dans le dernier des nombreux procès qu'il fut obligé d'intenter pour faire respecter ses droits, l'avocat de la partie adverse osa contester son titre à cette immortelle découverte. Pour revenir de Trenton, où le procès avait été jugé, il lui fallut traverser l'Hudson, qui était alors couvert de glaces, et rester exposé, durant plusieurs heures, aux rigueurs de la saison. Dans le trajet, Emmet, son ami et son défenseur, faillit périr; Fulton fit des efforts inouïs pour l'arracher à la mort. Toutes ces causes réunies déterminèrent une fièvre inflammatoire très grave, dont les médecins cependant étaient parvenus à se rendre maîtres. Mais, à peine entrait-il en convalescence, qu'il voulut aller inspecter les travaux de sa frégate. C'était au mois de janvier 1815. La fièvre le reprit de nouveau avec un redoublement de violence, et l'enleva le 24 février suivant, dans la cinquantième année de son âge.

Jamais la mort d'un simple particulier ne causa de regrets plus universels. Les journaux, en l'annonçant, revêtirent des signes de deuil. La Corporation et toutes les autorités de la ville de New-York, les Sociétés littéraires, scientifiques et autres, assistèrent en corps à son enterrement, et la législature de l'Etat séant à Albany, décréta un deuil de trente jours.

Fulton avait épousé, en 1806, la nièce de M. Livingston, dont il eut un fils et trois filles. Il ne leur laissa pour tout héritage que sa gloire.

JACQUARD
1752-1834

Le voyageur qui descend la Saône depuis Trévoux est frappé de la beauté, de la variété et de la richesse de cette suite non interrompue de paysages que forment, sur les deux rives, des collines en amphithéâtre, couvertes de vignobles et de bois, où se cachent des maisons de campagne. Il arrive à Lyon et, des hauteurs de la ville, ses regards s'étendent sur le magnifique panorama formé par le bassin du Rhône et borné à l'horizon par le Mont-Blanc aux glaces éternelles. Cette cité, favorisée par la douceur de son climat, la variété de ses sites, l'abondance de ses produits, se ressent de la douce influence de ces régions bénies du midi, où la vie est large, où l'art naît sans effort sous un ciel toujours bleu, au milieu d'une nature parée des féeries du soleil.

Dès le XVIIe siècle, Lyon tenait une place importante parmi les villes de France par le renom de ses artistes et par la prospérité de ses manufactures de soie, établies par François Ier; si bien qu'un magistrat de Dijon, qui visitait le midi de la France en 1579, décrivait avec un naïf étonnement le bourdonnement incessant de ses fabriques, le mouvement de ses rues et surtout la richesse des costumes de ses habitants.

Cependant, au siècle dernier, si, non content d'une vue d'ensemble et d'un jugement superficiel, le visiteur eût pénétré dans les faubourgs, il se serait bientôt égaré dans un dédale de ruelles grimpantes, étroites, tortueuses, empuanties par un brouillard sale, imprégné de la fumée des machines et de l'odeur ammoniacale des cuves de teinture.

Dans des maisons à six étages, immondes et léprosées, qui surplombaient la rue, vivait un peuple au teint pâle, aux chairs molles, d'une stature généralement au-dessous de la moyenne, et dont la taille était presque toujours déjetée par quelque difformité anatomique : c'était le *canut* (1).

(1) Canut dérive de *cannette*, petite bobine qui contient le fil dont on se sert pour former la trame du tissu.

Cet ouvrier en soie, des mains duquel sortaient de luxueuses étoffes tissées d'or et d'argent, était un véritable paria. Pendant les trois quarts de la journée, il était cloué sur un métier dont l'exercice exigeait les positions du corps les plus pénibles.

Représentez-vous, en effet, les anciens tisseurs au milieu de ces amas confus d'outils, de ressorts, de cordes, de pédales de toutes formes, de toutes dimensions, se détraquant à chaque instant; l'ouvrier principal, mal assis sur une escabelle, agitant les pieds en tous sens pour fouler les marches, élevant ou abaissant ainsi les fils dont devait se former le fond de l'étoffe, lançant sa navette au milieu de ces fils et de ceux que faisaient lever, à sa voix et d'après le dessin, un ou deux ouvriers, nommés *tireurs de lacs,* parce qu'ils avaient pour office de tirer des ficelles. Ces malheureux gardaient la même attitude pendant des journées entières; leurs membres se tordaient, se déformaient, se rabougrissaient; et, comme ce jeu, purement mécanique, exigeait peu de force, on y appliquait de pauvres filles, de malheureux enfants! un grand nombre succombaient à ce métier barbare, les autres traînaient une débile existence dans des logements trop étroits, insalubres; aussi ne parvenaient-ils pas à une vieillesse avancée, et on assure que jamais ouvrier ne s'est connu petit-fils d'ouvrier. On conçoit qu'avec une pareille hygiène, avec une semblable manière de vivre, l'intelligence du canut fut extrêmement bornée. Il était doux, docile, sa physionomie était empreinte de bonhomie et de simplicité, son accent était singulièrement lent et traînard; mais, sauf exception, dit le docteur Monfalcon, qui a écrit la monographie du canut, « un habitant de l'Océanie possédait un nombre d'idées plus grand et savait les combiner avec plus d'habileté. »

Cette race triste et chétive appartient aujourdhui à la légende; des habitations plus salubres, des habitudes moins contraires à l'hygiène, une meilleure nourriture ont fait du tisseur lyonnais un ouvrier robuste et intelligent.

En 1788, 14,780 métiers de tout genre battaient dans les murs de Lyon; aujourd'hui l'industrie lyonnaise s'est étendue, non seulement dans ses faubourgs qui sont devenus des villes, mais elle a encore gagné les campagnes, elle rayonne sur les départements voisins.

Cette immense prospérité, cette transformation sociale sont dues en partie à un pauvre canut, philanthrope sans le savoir, et mécanicien inconscient, à l'ouvrier de génie Jacquard.

Charles-Marie Jacquard naquit à Lyon, le 7 juillet 1752. Son père, Jean-Charles Jacquard, était maître ouvrier en étoffes brochées d'or, d'argent et de soie; sa mère, Antoinette Rive, était liseuse de dessins, emploi qui consistait à indiquer à l'ouvrier principal le nombre des lignes noires auxquelles doivent correspondre les fils de la chaîne dans un espace convenu, en expliquant si c'est du fond ou de la figure.

Son grand-père était tailleur de pierres à Couzon, village de la banlieue de Lyon, situé sur les bords de la Saône, où se trouvent des carrières d'une pierre rouge comme du granit.

Le père Jacquard, qui ne concevait pour son fils d'autre profession que la sienne, négligea de lui faire donner quelque instruction. Ainsi que Vaucanson, Jacquard, au sortir du berceau, était possédé par l'instinct de la mécanique. Abandonné à lui-même, il passait son temps à construire en bois de petites maisons, des tours, des églises, et il acquit aussi, sans le secours de personne, une instruction sommaire.

L'enfant avait à peine dix ans, quand il perdit sa mère. Cet événement affecta profondément sa nature délicate et aimante, et quand son père, le jugeant assez fort pour l'aider dans son travail, voulut l'employer à tirer les *lacs*, c'est-à-dire les cordes qui faisaient alors mouvoir la machine destinée à former le dessin, sa santé ne put supporter les fatigues de ce pénible labeur. Sa répugnance instinctive pour des machines qui lui semblaient lourdes, grossières et fatigantes le fit déserter la maison paternelle. Il se réfugia chez un de ses parents, M. Barret, imprimeur-libraire, où il fut employé à brocher et à relier des livres. Puis il passa dans l'atelier de M. Saulnier, un des plus habiles fondeurs de caractères d'imprimerie de Lyon. Toujours guidé par son goût pour la mécanique, il fit plusieurs outils nouveaux à l'usage des imprimeurs, qui furent adoptés comme un perfectionnement ; il en imagina d'autres à l'usage des couteliers.

A vingt ans, Jacquard perdit son père et se trouva possesseur d'un modique patrimoine. Il monta alors une fabrique de tissus façonnés et s'adjoignit quelques ouvriers.

En 1777, il épousa Claudine Boichon, fille d'un

armurier, ami de son père et qui passait pour riche. On promit une dot qu'on ne paya pas; des procès furent intentés, Jacquard les perdit. La gêne entra dès lors dans le modeste ménage; bientôt ce fut la misère, puis la ruine. L'inexpérience commerciale de Jacquard, sa probité et ses incessantes recherches pour améliorer le tissage, amenèrent un désastre que les envieux et les ennemis du pauvre inventeur avaient prédit.

A l'heure de l'infortune, ses amis l'abandonnèrent; sa femme seule le comprit et le consola : elle fut l'amie des mauvais jours. Pour payer les essais et les dettes de son mari, elle vendit la maisonnette de Couzon, berceau de la famille; elle vendit les deux métiers, ses bijoux, même ses meubles. Tout y passa, et Jacquard, réduit au plus affreux dénûment, fut obligé de quitter sa femme et son enfant, pour se placer à gage chez un fabricant de chaux du Bugey.

Quant à sa femme, Claudine, elle entra comme ouvrière dans une fabrique de chapeaux de paille.

Malgré les rudes épreuves de l'existence, l'ouvrier était toujours possédé d'une idée : la recherche d'un métier supprimant l'opération du tirage. La lecture de la *Science du Bonhomme Richard,* que venait de publier Franklin, fit alors une vive impression sur son esprit.

« J'étais sobre, je devins tempérant, écrivait-il plus tard à un de ses amis; j'étais laborieux, je devins infatigable; j'étais bienveillant, je devins juste; j'étais tolérant, je devins patient; j'étais intelligent, j'essayai de devenir savant. »

Mais le manque d'argent l'empêcha alors de réaliser ses théories, et sa vie se serait probablement écoulée en rêves stériles, quand la Révolution vint lui aplanir la voie.

Ce grand mouvement populaire avait été mal accueilli dans le midi de la France. Lyon surtout ne pouvait voir favorablement l'émigration des nobles et la proscription des riches, car son commerce de soie et de broderies en or avait besoin pour prospérer du faste de la cour et du clergé. Aussi, lorsqu'après le 19 août, Châlier, imitateur de Marat, se mit à la tête des Jacobins et de la municipalité de Lyon, les sections qui obéissaient à la réaction royaliste se soulevèrent, et une lutte sanglante ne tarda pas à éclater. Châlier est envoyé à l'échafaud et tous les citoyens prennent les armes. La ville est mise en état de défense, et une armée de 20,000 hommes, commandée par les royalistes, Précy et le marquis de Virieu, se prépara, de concert avec l'armée sarde, à résister à l'armée républicaine de Kellermann.

Jacquard, qui était alors dans le Bugey, accourut à Lyon partager les périls de ses concitoyens. Toutes les têtes étaient exaltées : les jeunes gens s'enrôlaient, les femmes se montraient près des redoutes ; une caisse militaire se forma et l'insuffisance du numéraire fut suppléée par des billets des principaux négociants. Les maisons furent crénelées ; on établit des batteries, on fondit de l'artillerie, on fabriqua de la poudre : la population était décidée à lutter avec énergie. Un terrible bombardement livra aux flammes les plus riches quartiers de la cité rebelle : la place de Bellecour, l'arsenal, le quartier Saint-Clair, le port du Temple furent détruits, en même temps que l'armée sarde était vigoureusement refoulée dans les Alpes par Kellermann.

Nommé sous-officier, Jacquard combattit dans les postes avancés, ayant à ses côtés son fils, âgé de quinze ans. Bientôt, abandonné à ses propres forces, Lyon succomba après cinquante-cinq jours de siège. Couthon, commissaire de la Convention, y fit son entrée à la tête de l'armée républicaine, réintégra l'ancienne municipalité montagnarde, et lui donna mission de chercher et de désigner les rebelles qu'une commission populaire fut chargée de juger militairement. C'est alors qu'à son instigation parut le fameux décret de la Convention ordonnant la destruction de Lyon, et que, sur ses ruines, on éléverait une colonne portant cette inscription :

« Lyon fit la guerre à la Liberté, Lyon fut détruit. »

La ville devait s'appeler à l'avenir : *Commune affranchie*.

Les souvenirs que Jacquard avait conservés de ces temps terribles étaient confus comme ceux que conserve le passager inexpérimenté de la tempête où il a vingt fois failli sombrer. Il courut alors le plus grand danger. Des gens qui se faisaient délateurs, de peur d'être victimes, s'empressaient de signaler aux vengeances proconsulaires les fabricants et les ouvriers qui avaient pris le plus ouvertement part à la résistance. La guillotine était en parmanence sur la place des Terreaux, tandis que sur la promenade des Brotteaux se faisaient les exécutions en masse, à coups de canon chargé à mitraille.

Jacquard aurait fini par être découvert par les sbires

de Couthon, si son jeune fils n'avait eu l'idée de courir au bureau des enrôlements militaires et de se faire délivrer deux feuilles de route, l'une pour lui et l'autre pour un de ses camarades, afin de rejoindre un régiment en marche sur Toulon. Il était temps, car le lendemain, dit-on, des soldats pénétrèrent dans la retraite de Jacquard. Pour les proscrits lyonnais, un camp devenait l'asile le plus sûr.

Les volontaires de Rhône-et-Loire prirent la route du Midi. Du haut de la colline de Perrache, Jacquard et son fils, restés un peu en arrière de leurs compagnons, se retournèrent pour contempler encore une fois la ville étendue à leurs pieds. Ils cherchaient à distinguer, parmi les vagues pressées des toits, celui sous lequel veillait en pleurs la mère, l'épouse dévouée, qu'ils n'avaient pu seulement embrasser. Quand la reverraient-ils? ils l'ignoraient, et pour l'un d'eux, l'heure de cette réunion ne devait jamais venir en ce monde.

Vu de cette hauteur, Lyon offrait, en 93, un aspect étrange et lugubre. Au-dessus de l'immense vallée se balançait, pareil à un dais funèbre, une fumée qui n'était pas alors celle de l'industrie. Çà et là jaillissaient des lueurs d'incendies... Au bruissement des métiers, à ce bruit formé de mille autres qui se dégage d'une grande ville en pleine prospérité, avait succédé un morne silence... Jacquard contemplait avec un profond abattement cette ville, théâtre et tombeau des rêves de sa jeunesse. Il répétait machinalement les expressions du terrible arrêt de la Convention : « Lyon n'est plus! » Il a raconté depuis que, dans cette crise d'affaissement moral, ce fut son fils qui lui redonna du courage, en exprimant l'espoir que Lyon survivrait, malgré tout, à son épitaphe et à ses bourreaux.

Leur bataillon avait d'abord été dirigé sur Toulon; mais cette ville, qui avait ouvert ses portes aux Anglais, comme Lyon s'était livré aux Sardes, avait succombé sous les coups des armées républicaines. Les volontaires de Rhône-et-Loire furent alors envoyés sur le Rhin. Incorporés dans l'armée dite de Rhin-et-Moselle, que commandait Pichegru, Jacquard et son fils prirent part à la déplorable campagne de 1795. Chargé un jour de la surveillance d'un certain nombre de disciplinaires prisonniers dans un petit village près d'Hagueneau, Jacquard entend tout à coup tonner le canon :

— Camarades, leur dit-il, je promets le pardon et l'oubli à ceux qui iront demander des fusils pour se battre.

Tous suivirent, se battirent et furent graciés.

Ce fut dans un des malheureux combats de cette campagne, probablement celui d'Heidelberg (octobre 1795), que le fils de Jacquard, atteint d'un boulet autrichien, expira dans les bras de son père. La douleur de Jacquard fut immense. Après avoir langui quelques mois dans un hospice, il obtint son congé et se mit en route pour Lyon. Il retrouva sa femme dans un grenier des faubourgs, assistée d'une généreuse fille qui s'était dévouée à son service et qui, depuis lors, resta l'amie du ménage.

Elle luttait encore vaillamment contre la misère, faisant des chapeaux de paille à l'occasion, et soutenue par l'espérance de revoir son mari et son fils.

L'entrevue du retour fut à la fois heureuse et triste. Les deux époux « pleurèrent ensemble leur enfant, leur jeunesse, leur fortune, leurs espérances. » (Lamartine).

La population manufacturière de Lyon avait traversé une épouvantable crise. En novembre 1794, Vandermonde, envoyé par la Convention pour étudier les moyens de relever l'industrie dans la *Commune Affranchie,* avait trouvé 95,000 âmes, alors que le recensement de 1791 avait constaté une population de 145,000 !

Ainsi 50,000 Lyonnais avaient péri tragiquement, ou étaient alors fugitifs. Le décret révolutionnaire qui assimilait aux émigrés les fugitifs de Lyon, fut rapporté peu après, et on vit rentrer dans leur ville natale une foule d'industriels qui s'étaient établis de l'étranger et y prospéraient déjà.

Bientôt, grâce au dévouement de ses enfants, Lyon sembla sortir de ses ruines. Jacquard s'était remis au travail comme simple ouvrier ; cependant, il ne pouvait s'empêcher de songer toujours au grand problème de mécanique dont il poursuivait la solution depuis si longtemps.

En septembre 1801, il présenta à l'Exposition le modèle de sa première machine, dite « la tireuse de lacs ». Dans l'exposé joint à sa demande de brevet, il s'expliquait dans les termes suivants, sur le principe et les avantages de son procédé.

« Il suffit de varier les dimensions de la machine, suivant le nombre des lacs, pour fabriquer facilement toutes les étoffes brochées ou façonnées, car il n'est pas nécessaire que la machine soit divisée en huit parties plutôt qu'en douze, seize, etc. On remarquera seulement que, au moyen d'une machine divisée en huit parties, il est possible de confectionner la grande majorité des étoffes.

» Le mouvement indispensable que l'ouvrier communique alternativement avec le pied à chaque marche, est le principal moteur.

» Le mouvement des marches doit avoir lieu indépendamment de l'exercice de la machine et l'application de cette force au jeu de ses parties est d'autant plus avantageux, qu'il suffit de mettre à profit un mouvement déjà existant.

» La manière de mettre la machine en mouvement par le moyen des marches est un grand avantage, puisqu'il en résulte plus de célérité dans l'exécution, car les lacs sont abaissés en même temps que les marches, tandis qu'autrefois l'ouvrier, après avoir mis les marches en mouvement, était obligé de donner l'ordre de tirer des lacs. »

Le 23 décembre 1801, Jacquard, qui avait obtenu à l'Exposition des produits de l'Industrie nationale la dernière médaille de bronze, reçut de Chaptal, ministre de l'Intérieur, un brevet pour dix ans, qu'il négligea d'exploiter. Ce premier métier était encore fort éloigné du but que l'inventeur poursuivait avec une courageuse persévérance. Néanmoins, il supprimait le tireur de lacs, ainsi qu'une infinité de cordes, et il contribua à faire connaître le nom de Jacquard.

L'année suivante, en effet, le Premier Consul présidait à Lyon la Consulta cisalpine; et, en visitant les curiosités lyonnaises, il n'oublia pas l'humble atelier de Jacquard, rue de la Pêcherie, au coin de la place de la Platière. Peu de temps après, l'autorité municipale accordait à Jacquard un logement au Palais des Arts, à Saint-Pierre, sous la condition d'instruire de jeunes ouvriers, sans leur demander de rétribution. Pendant deux ans, Jacquard s'occupa de son école pratique et de la construction de modèles ; il semblait avoir oublié son brevet d'invention, quand il apprit que la Société des Arts de Londres avait promis une récompense de un million à l'inventeur d'une mécanique propre à fabriquer des filets de pêche maritime. La Société française d'encouragement avait également mis la même question au concours, en offrant une médaille.

Jacquard, après avoir médité quelque temps sur le problème à résoudre, adapta à ce nouveau métier un mécanisme dérivé de sa première invention. Une pédale donnait également le mouvement et distribuait les nœuds régulièrement espacés parmi les fils montés sur le métier. Mécontent du résultat qui ne le satisfaisait pas entièrement, Jacquard négligea de perfectionner son métier et le perdit entièrement de vue. Mais un de ses amis découvrant un jour la machine dans un coin de l'atelier, en parla au préfet de Lyon, qui fit appeler Jacquard, et transmit au gouvernement les résultats des essais faits en sa présence.

Bonaparte, qui avait déjà pu apprécier le génie de l'ouvrier lyonnais, manda à Paris Jacquard et son appareil. L'inventeur se souciait fort peu de faire un voyage coûteux pour présenter ce qu'il appelait « un paquet de cordes. » Mais l'ordre de Bonaparte était des plus pressants, et le préfet le fit partir dans une chaise de poste, aux frais du trésor.

Dans sa vieillesse, Jacquard aimait à raconter qu'il fit ce long voyage en compagnie d'un gendarme, qui ne perdit pas de vue l'inventeur, ni son métier. A la suite de l'attentat du 3 nivôse, la police voyait des conspirations partout; le pauvre Jacquard, traversant la France à côté d'un gendarme, dut certainement passer pour un grand criminel, et son appareil pour une nouvelle machine infernale. Lui-même n'était pas éloigné de se croire coupable de quelque méfait ignoré et se sentait fort peu rassuré.

En arrivant à Paris, on le conduisit sans débrider au Conservatoire des Arts et Métiers. Là, dans une salle du rez-de-chaussée, on le mit avec sa machine en présence de deux hommes, dont l'un n'était rien moins que le Premier Consul en personne, et l'autre Carnot, l'organisateur de la victoire.

— C'est donc toi, lui dit ce dernier, qui prétends faire ce qu'aucun homme ne saurait faire, un nœud avec un fil tendu.

Sans s'intimider de cette brusque interpellation, l'inventeur installa son métier et le fit fonctionner devant ses deux interlocuteurs émerveillés.

La Société d'Encouragement, jugeant le problème résolu, décerna à Jacquard sa grande médaille d'or, le 2 février 1804, et Bonaparte lui promit aide et protection. Ce fut, en effet, par ses ordres que l'ouvrier fut placé, comme pensionnaire, au Conservatoire des Arts et Métiers.

Sûr du vivre et du couvert, il invente, il restaure plusieurs machines, les unes pour la fabrication du

Un atelier de métiers à la Jacquard.

velours et du ruban à deux faces, d'autres pour le tissage des étoffes de coton à plusieurs navettes. Le directeur du Conservatoire des Arts et Métiers, Molard, homme bienveillant, ami du progrès, aimait à suivre Jacquard dans ses travaux, et il mit à sa disposition les plus habiles ouvriers de l'établissement.

C'est alors que l'inventeur se trouva pour la première fois en face des débris de la machine à tisser de Vaucanson. Le grand mécanicien avait abandonné son métier aussitôt après les premiers essais ; on avait monté et démonté bien des fois cette machine de tissage sans pouvoir la faire fonctionner ; et quand Jacquard la découvrit, elle gisait dans un coin de grenier, et ses pièces étaient éparpillées çà et là. Cette découverte fut pour lui un trait de lumière ; après trente ans de recherches, après avoir inventé sa « tireuse de lacs », qui ne le satisfaisait pas complètement, Jacquard, à la vue de l'ébauche de Vaucanson, venait de concevoir la véritable machine à tisser. Ce moment fut pour l'inventeur le plus beau de sa vie. Il oublia ses luttes infructueuses, sa poursuite de l'insaisissable idée, il oublia cinquante ans de souffrances, de chagrins et de misères ; désormais, il était sûr du succès. Il fit sans hésiter l'abandon de toutes ses recherches, et ne songea plus qu'à perfectionner et à introduire dans la pratique la manœuvre combinée du cylindre et des aiguilles, imaginée par Vaucanson.

Jacquard vivait heureux au Conservatoire des Arts et Métiers, entouré de l'estime des savants ; mais sa ville natale le réclamait. Avant de partir, il puisa aux Gobelins des données pour l'établissement des ateliers de charité, dont on voulait lui confier la direction. Il avait proposé la fabrication des tapis de laine, dont les opérations nombreuses pouvaient être exécutées par des mains novices et grossières. Jacquard revint à Lyon en 1804, et fut installé à l'hospice de l'Antiquaille où, moyennant le logement et la nourriture pour lui et sa femme, il dut prendre la direction des ateliers organisés dans cet établissement. Il accepta néanmoins cette offre médiocre, qui le débarrassait des soucis matériels de l'existence et lui laissait le temps de travailler à son métier.

Le grand mécanicien s'occupait donc de son humble enseignement industriel, tout en appropriant et en améliorant la machine de Vaucanson. A cette époque fut rendu le décret impérial, daté de Berlin, le 27 octobre 1806, qui autorisait l'administration municipale de Lyon à accorder à Jacquard une pension de 3,000 francs, dont la moitié était reversible sur la tête de Claudine Boichon, son épouse.

En échange, Jacquard cédait à la ville toutes ses machines et toutes ses inventions; il s'obligeait à consacrer tout son temps et tous ses travaux au service de la ville, et à la faire jouir de tout perfectionnement à ses précédentes inventions.

Pour une pension de 3,000 francs!

On assure que Napoléon, en signant le décret, dit :

— En voilà un qui se contente de peu!

Pour ce prix dérisoire, la ville devenait la propriétaire absolue du génie de Jacquard. L'inventeur devait se partager entre les ateliers de l'hospice de l'Antiquaille et les établissements communaux.

Condamné ainsi à servir deux maîtres, il mécontenterait forcément l'un ou l'autre.

— Un peu trop de zèle à travailler pour les ateliers de fabrique, raconte Jacquard, m'attira des reproches de l'administration de l'Antiquaille, qui m'accusa de négligence et qui, plus tard, me fit déguerpir.

En sortant de l'Antiquaille, Jacquard revint au palais Saint-Pierre; il y resta seulement quelques mois. L'administration du Musée lui ayant fait signifier qu'elle avait besoin de ce logement, Jacquard alla alors s'établir dans un quartier éloigné où les loyers étaient à bas prix.

C'était en 1807; à cette époque, sur le rapport du savant Thabard, l'Académie de Lyon lui décerna une médaille, fondée par Lebrun, pour « un nouveau mécanisme qui accélérera la réforme du tissage. »

Un autre succès vint consacrer ses efforts. La Société d'encouragement pour l'industrie nationale avait proposé un grand prix pour le tissage. Jacquard prit part au cours. Sa machine fonctionna sous les yeux du jury, au château de Saint-Germain, et remporta le grand prix. Tout autre que lui se fût hâté d'aller exploiter son métier dans sa ville natale, d'autant plus que l'Empereur lui avait accordé une prime pour chacun de ces métiers mis en activité; mais Jacquard mûrissait le projet d'une manufacture de tapisseries à fonder à Lyon. Il resta encore quelque temps à Paris; puis de retour à Lyon, en 1808, il commença à s'installer avec l'aide de quelques négociants. Mais à peine a-t-on produit quelques échantillons que les négociants retirent leur parole; le métier est mis sous clé.

Cependant un riche manufacturier de Rouen vint faire à l'inventeur des propositions brillantes, s'il voulait transporter dans cette ville son métier à tapisserie. Mais Jacquard était attaché à sa ville natale ; de plus, il était lié par son traité ; le maire, M. de Satonnay, défendit à Jacquard de quitter la ville. Cependant ses idées pour la fabrication de la tapisserie furent exploitées par d'autres avec profit ; mais les plaintes de l'inventeur furent vaines, et il vit un brevet d'invention accordé à un autre pour son propre procédé.

Ce ne fut pas la seule fois qu'on mit à profit sa bonhomie.

— Tant mieux, disait Jacquard, s'ils sont devenus riches ; il me suffit d'avoir été utile à mes concitoyens, et d'avoir mérité leur estime.

Cependant l'ouvrier avait trouvé des appréciateurs de son génie et des protecteurs parmi les premiers manufacturiers de Lyon. M. Camille Pernon, connu pour sa fabrication des étoffes riches pour meubles et tentures, avait rétabli sa fabrique à Lyon, après les événements de 93, et la haute estime dont il jouissait auprès de ses compatriotes lui avait valu d'être envoyé au Corps Législatif. C'était un homme qui joignait des vues élevées à des connaissances étendues sur les manufactures.

Ce fut en 1805 que Jacquard s'adressa à M. Pernon et l'entretint de ses deux inventions pour la fabrication des filets et pour la suppression des lacs. Celui-ci accorda peu d'importance à la fabrication des filets, assez restreinte en France, mais il comprit immédiatement les avantages que pouvait présenter la suppression du tir des lacs.

Il promit à Jacquard de suivre ses travaux et chargea M. Zacharie Grand, qui dirigeait tous les travaux de sa fabrique, de faire des essais pour la mise en pratique du nouveau mécanisme.

Il y avait alors trois genres de métiers pour la fabrication des étoffes façonnées, et chacun de ces métiers exigeait le travail de deux personnes pour les faire marcher : le tisseur et le tireur de cordes.

Le plus employé était le métier à samples de Vaucanson, généralement connu sous le nom de métier à la *Jalcone;* les deux autres, à samples et à accrochage, avaient été perfectionnés par de la Salle, dessinateur et peintre, l'inventeur de la navette volante. Ces deux derniers métiers servaient à exécuter les belles étoffes, remarquables par la hauteur des dessins et le grand nombre des lacs, qui exigeaient deux tireurs de cordes, indépendamment du tisseur.

Le premier métier de Jacquard, n'exigeant qu'un seul ouvrier, fut monté au commencement de février 1806, sous la direction de M. Grand, dans l'atelier du sieur Imbert, quai de Retz, 45.

Jacquard avait évidemment puisé l'idée de sa découverte dans un métier à la Jalcone de Vaucanson, lequel marche au moyen de cartons poussés horizontalement par une personne assise à la droite de l'ouvrier, faisant la même fonction que le tireur de cordes du métier; le lisage et le perçage des cartons appartiennent donc à Vaucanson.

Ce grand mécanicien, devenu inspecteur des manufactures d'étoffes de soie sous le ministère du cardinal

Fleury, avait bien annoncé la découverte d'un nouveau mécanisme pour simplifier le métier et supprimer le tir des lacs; mais, en présence de l'animosité de la classe ouvrière, il ne poursuivit pas ses recherches.

C'est ce mécanisme ingénieux, supprimant la manœuvre du tireur de lacs, qui est dû entièrement à Jacquard. En comparant les deux appareils, placés côte à côte dans une des vitrines du Conservatoire, on croit voir une colossale ébauche, à côté d'une œuvre complète et terminée.

Jacquard s'était assimilé la pensée de Vaucanson, et l'avait traduite sous une forme plus positive et plus élégante. Son métier, moins coûteux et moins embarrassant, donnait des résultats plus considérables et plus précis, par suite du perfectionnement du mécanisme des aiguilles et des crochets qui remplacent la tire.

Jacquard eut encore l'heureuse idée de reprendre l'ancien cylindre de Falcon, à la place du cylindre de Vaucanson. Il obtint ainsi plus de sûreté dans le jeu des aiguilles; il put aussi exécuter des dessins plus grands et plus compliqués, en employant des bandes de carton égales en hauteur à chaque face du cylindre et reliées par une chaîne sans fin.

Sous la direction de M. Grand, Jacquard apporta encore quelques perfectionnement à son invention; il maîtrisa et régularisa le jeu des crochets par des élastiques, selon l'idée qui lui fut suggérée par un ouvrier tisseur, nommé Arnaud. Sur ses conseils également, un ouvrier mécanicien, nommé Breton, supprima le chariot porte-cylindre et le remplaça par la presse mobile à ressorts, qui fait aujourd'hui partie de tous les nouveaux métiers. Jacquard ne sollicita pas de brevet d'invention pour le dernier type de son métier; il voulait que tous les ouvriers bénéficiassent de son invention. Le métier Jacquard fut présenté par M. Pernon au Conseil municipal et à la Chambre de commerce de Lyon; il y trouva des admirateurs et des protecteurs; mais, au moment où il croyait avoir conquis à sa machine l'industrie lyonnaise, il se heurta à un obstacle qu'il n'avait pas prévu, la résistance des ouvriers.

Il était dans la destinée de Jacquard d'essuyer dans sa ville natale, et de la part de ses concitoyens, de ces pauvres *canuts*, dont il avait voulu améliorer le sort, les injustices, les outrages et même les persécutions qui sont le lot de beaucoup d'inventeurs.

Cette épreuve fut certainement la plus lourde de sa vie; et plus tard, quand des hommages de reconnaissance lui parvenaient dans sa retraite d'Oullins, des pays les plus éloignés, ce n'était pas sans un sourire amer qu'il racontait l'irritation des ouvriers, leur opposition, leur malveillance.

On ne voulait voir dans sa machine originale qu'un plagiat, une copie servile des métiers, tantôt de Falcon, tantôt de Vaucanson.

Le métier Jacquard fut réputé inapplicable; on prétendit qu'il marchait mal et, comme preuve, des ouvriers exhibèrent des produits détériorés par malveillance et allèrent jusqu'à actionner Jacquard en dommages intérêts.

Ces malheureux ne voulaient voir dans l'adoption du métier Jacquard que la suppression de tous ces états accessoires de liseuses de dessins, d'appareilleuses, de faiseurs et de tireurs de lacs, états pénibles et malsains, mais qui cependant les faisaient vivre. Ils n'envisageaient que le résultat immédiat, sans vouloir comprendre que la prospérité des manufactures et l'emploi très facile et plus lucratif de leurs enfants à d'autres travaux accroîtraient leur bien-être.

Ce fut parmi eux une clameur générale, furieuse contre l'innovation perfide qui, disait-on, supprimait les ouvriers, créait des mendiants, annulait l'habileté individuelle des tisseurs et fournissait à l'industrie étrangère les moyens de rivaliser avec notre industrie nationale.

Dans une émeute, un des nouveaux métiers fut brisé et on fit un feu de joie de ses débris. Un autre jour, sur le quai Saint-Clair, trois ouvriers l'assaillirent et ne parlaient rien moins que de le jeter à l'eau. Ils eussent peut-être accompli leur crime sans l'intervention de plusieurs personnes et des agents de police.

Avec sa fine bonhomie, Jacquard aimait à raconter l'anecdote suivante pour montrer jusqu'à quel point avait atteint l'animosité aveugle de ses concitoyens :

« Un jour que j'achetais des cordes, mon cordier vint tout à coups s'apitoyer sur son sort et sur la diminution de sa vente. Je lui en demandai les motifs.

— Ah! Monsieur, c'est ce damné métier à la Jacquard qui en est cause; il a tout simplifié, il a enlevé le pain au pauvre monde. Si ce n'est pas une infamie, je vous le demande, qu'on encourage de ces monstruosités d'inventions qui ôtent l'ouvrage à l'ouvrier.

Allez, s'il ne fallait que de la corde pour pendre ce coquin de Jacquard, je donnerais volontiers...

— Toute votre boutique ?

— Oh ! non, mais tout ce qui faudrait pour ça.

— Vous ne connaissez pas Jacquard ?

— Ni n'ai envie de le connaître. C'est un mauvais citoyen ; car il n'y a qu'un mauvais citoyen qui puisse vouloir la mort du peuple.

— On vous l'a fait plus noir qu'il n'est ; et s'il vous expliquait lui-même que son métier est tout dans l'intérêt de la classe ouvrière...

— Je voudrais bien voir comment il s'y prendrait, le grugeur !

— Eh bien ! écoutez-moi, car je suis Jacquard.

Et le cordier de balbutier force excuses et force regrets.

— C'est notre femme, ajouta-t-il en finissant, qui me conte chaque jour ces sornettes-là.

L'inventeur lyonnais devait connaître toutes les amertumes de l'ingratitude humaine et s'entendre appeler « un plagiaire inintelligent de Vaucanson », avant de voir son œuvre triompher de l'ignorance et de l'injustice de ses concitoyens. Ce ne fut qu'en 1809, après quatre années de lutte, que MM. Grand parvinrent à faire adopter le métier Jacquard par leurs ouvriers.

La résistance populaire n'avait pas encore été vaincue, quand l'inventeur eut la douleur de perdre la compagne dévouée de sa vie, celle qui fut sa consolatrice au milieu de ses douleurs et de ses déceptions, et qui ne désespéra jamais de son génie.

En 1812, les préjugés populaires cédaient à l'évidence des faits et on comptait alors 18,000 métiers Jacquard à Lyon. C'est aux tissus façonnés, spécialité tout à fait lyonnaise, dans lesquels l'or se marie souvent à la soie, et qui peuvent offrir des dessins aussi purs, aussi élégants que ceux tracés sur la toile par le pinceau... c'est à ces riches tissus que Jacquard avait consacré sa machine.

Cependant le métier Jacquard peut s'appliquer à la fabrication des autres soieries et des étoffes de laine, de coton et même de crin. Insensiblement, il fut adopté dans les fabriques de drap de Paris et de Rouen, de Birmingham et de Manchester; grâce à lui, la fabrication de tous les tissus fut ramenée au même principe.

Après tant de péripéties et de luttes, la vieillesse du grand inventeur fut au moins calme et honorée comme elle méritait de l'être. Il s'était retiré à Oullins, coquet village de la banlieue de Lyon, situé au bord du Rhône, en face des Alpes. Là, dans la maisonnette qui avait appartenu à l'académicien Thomas, il pouvait, quand soufflait le vent du nord, entendre battre les innombrables métiers à soie auxquels il avait donné la forme, le mouvement, la vie. C'était sa postérité à lui.

Il y vivait modestement de sa pension et des fruits de son jardin, en compagnie de sa vieille gouvernante Antoinette — il serait plus juste de dire une amie — qui, dès 1793, avait été associée aux angoisses et aux travaux de la femme de Jacquard. En mourant, cette dernière lui avait recommandé son mari « comme un enfant qui aurait besoin de lisières jusqu'à son dernier soupir. »

C'est dans cette retraite que d'illustres voyageurs, des savants de tous les pays, des hommes d'Etat venaient le visiter, tout étonnés de l'existence effacée du mécanicien dont le nom était connu de toute l'Europe. On le trouvait tantôt en habits de paysans, arrosant ses légumes, tantôt entouré des enfants de l'école, s'enquérant de leurs progrès et les invitant parfois à partager son frugal repas, au grand désespoir de la vieille Antoinette, qui ne savait pas comment nourrir tant de bouches.

Un jour, un somptueux équipage s'arrête devant la porte; la clochette retentit avec fracas, et Jacquard lui-même accourt pour ouvrir. Une voix anglaise se fait entendre:

— Garçon, annoncez à sir Jacquard, lord...
— C'est moi qui suis Jacquard...
— Vous, sir Jacquard? ah! très extraordinaire.
— Oui, milord, en personne.

Et le pair de la Grande-Bretagne, le chapeau jusqu'à terre, balbutie des excuses, s'indigne ensuite, à grand bruit, contre un pays qui laisse dans l'obscurité un homme tel que Jacquard.

— Eh! milord, répliqua l'inventeur avec sa simple bonhomie, je suis content de mon sort, je n'en demande pas d'autre.

En effet, Jacquard se trouvait heureux des témoignages d'admiration, mais il n'en concevait aucun orgueil. La gloire avait été rude à conquérir; elle était venue si tard, et après tant d'amertumes, qu'elle avait plutôt apporté au vieil inventeur la consolation que l'oubli du passé.

Lamartine, qui a raconté en poète la vie de Jacquard, a tracé de lui un beau portrait, d'après ses souvenirs personnels :

« C'était dit-il, un homme d'une taille forte, mais affaissée sur elle-même, par l'habitude du labeur des mains et par la fatigue de l'esprit. Il avait quitté le costume du travail ; il était vêtu de la tunique de drap du loisir, vêtement flottant à larges plis sur le corps, et dont les longues basques descendaient jusque sur les talons. Il penchait la tête sur une de ses épaules; son front était vaste, ses yeux, larges, sa bouche, épaisse et déprimée au coin des lèvres; ses joues, caves ; son teint, ligneux comme celui de l'ouvrier qui vit à l'ombre.

» Une langueur triste et méditative était l'expression dominante de sa physionomie, soit contention d'esprit, soit empreinte ineffaçable des premiers malheurs de sa vie, soit amour-propre, longtemps souffrant, de l'inventeur qui ne triomphe que tard, et quand le triomphe se confond presque avec le tombeau. »

Ainsi que tous les vieillards décorés de son temps, Jacquard portait à la boutonnière de sa longue redingote *à la propriétaire*, le ruban rouge avec la croix de la Légion d'honneur. Il avait réuni dans le salon de sa maisonnette ses brevets, sa machine et ses modèles, non par une vanité bien excusable chez un vieillard qui avait tant souffert, mais parce qu'il aimait à s'entourer des souvenirs de sa vie laborieuse.

Du reste, la noblesse du caractère était chez lui à la hauteur de l'intelligence mécanique. Il prouva son désintéressement et son abnégation, en refusant avec une opiniâtreté patriotique les offres avantageuses de l'Allemagne et de l'Angleterre, malgré l'animosité envieuse de ses concitoyens. Il attendait avec la patience du génie l'heure de la justice, heure lente à venir, mais qui, du moins pour lui, plus heureux que d'autres inventeurs, sonna de son vivant.

« Célèbre, moi, célèbre! s'écriait-il parfois, en homme qui connaît la valeur des flatteries comme des injures humaines; en vérité, la renommée s'acquiert à peu de frais. »

Souventes fois, des touristes anglais lui demandaient un autographe, à titre de souvenir : « En vérité, disait naïvement Jacquard, après une de ces visites, ces Anglais sont bien curieux; que leur importe que je sache ou que je ne sache pas écrire ? »

Cet homme modeste et bon s'éteignit paisiblement le 7 août 1834, à une heure du matin, et sa vieille gouvernante lui ferma les yeux. Le lendemain, quelques amis, un très petit nombre d'admirateurs, accompagnaient sa dépouille au cimetière d'Oullins. Sur son humble tombe, qu'ombrage aujourd'hui un mûrier, M. Pichard, un de ses collègues de la Société d'agriculture de Lyon, rappela en quelques mots les diverses phases de cette existence laborieuse et agitée :

« L'homme de bien, dont nous confions aujourd'hui à la terre la dépouille mortelle, fut le bienfaiteur des ouvriers en soie de Lyon, par la simplification du métier destiné à la fabrication des étoffes de luxe. Il fut aussi le bienfaiteur de la cité lyonnaise, à qui il permit, par son heureuse invention, de soutenir toute espèce de concurrence dans ce genre. Il fut un de ces hommes instinctifs, qui, sans guide, sans secours, tracent de nouveaux sentiers à l'industrie, ouvrent de nouvelles sources de prospérité aux cités; il fut enfin le modèle de toutes vertus.....

» Dire par quelle persévérance il sut arriver à cet immense résultat, serait trop long; dire ses tribulations pour faire adopter son invention, serait triste pour nous qui jouissons du fruit de ses travaux...

» Simple et modeste, M. Jacquard reçut avec reconnaissance les récompenses municipales qui, bien que tardives, environnèrent d'aisance sa vieillesse, et cette croix d'honneur qui décorait l'homme en même temps qu'elle illustrait l'institution...

» Il était heureux d'avoir été utile à ses concitoyens, et, pendant que les métiers à la Jacquard se multipliaient, que le nom de l'inventeur devenait européen, il faisait oublier ici sa renommée par de douces vertus. »

Et l'orateur termina en souhaitant qu'une souscription publique consacrât, par un monument, le coin de terre ignoré où reposait Jacquard.

Après le discours de M. Pichard, M. Grognier, secrétaire général de la Société d'Agriculture et des Arts Utiles de Lyon, prononça quelques paroles d'adieu, dont nous ne citerons que cette phrase qui les résume :

« Il ne fut pas savant, mais il eut du génie. »

Ses concitoyens et la postérité furent lents à apporter à la tombe de Jacquard le juste tribut de leur reconnaissance. Six mois après sa mort, la souscription ouverte par le Conseil des prudhommes de Lyon ne dépassait pas 12,000 francs. De son côté, le Conseil municipal de Lyon, avait, du vivant de Jacquard, fait exécuter son portrait en pied par Bonnefond, pour le placer dans une des galeries du Muséum.

C'est le 16 août 1840, qu'au milieu d'un immense concours de curieux et d'admirateurs, fut inaugurée, sur la place Sathonay, la statue de Jacquard due au sculpteur Foyatier.

« La place Sathonay, choisie par l'autorité municipale, est le lieu le plus heureusement choisi, dit M. Fortis, un des biographes de Jacquard. Sur cette place, embellie par deux fontaines et par l'entrée principale du jardin des plantes, qui s'élève en amphithéâtre, est un marché formant un point de réunion de la population ouvrière qui habite principalement ce quartier. »

La statue de Jacquard a 3 mètres de haut : elle est élevée sur un piédestal d'environ 4 mètres; la figure de l'illustre ouvrier est un portrait fidèle de ses traits : Jacquard paraît avoir déjà dépassé l'âge de soixante ans, sa figure est pleine de noblesse; il tient dans sa main droite un compas; dans l'autre, les cartons qui distinguent son métier; il en combine le percement pour les fils qui doivent y passer : la pose de la statue est parfaitement assortie au sujet. A ses pieds sont tous les accessoires propres à le caractériser; des outils pour la confection du métier, son plan et une pièce d'étoffe brochée, où l'on remarque la tête de Napoléon : ce qui indique l'époque de la découverte. Le premier hommage rendu à la mémoire de Jacquard fut l'épitaphe apposée par le Conseil municipal d'Oullins dans l'église du village :

« A la mémoire de Ch.-Marie Jacquard, mécanicien célèbre, homme de bien et de génie. »

Elle eût peut-être fait sourire le trop modeste inventeur ; mais, à la grande confusion de ses contemporains, ce simple jugement a été ratifié par la postérité reconnaissante.

LAPÉROUSE
1741-1788

Si l'admiration et la reconnaissance des peuples n'étaient accordées qu'au succès, Lapérouse et ses compagnons ne pourraient obtenir de place que parmi les « *Infortunés illustres.* » Mais ce serait un genre d'ingratitude encore plus affligeant que tant d'autres, et, de plus, ce serait un mauvais calcul de l'égoïsme des nations : or, toute espèce d'égoïsme calcule mieux pour l'ordinaire. Faudrait-il qu'une fois engagés au milieu de ces parages inconnus qu'ils explorent dans l'intérêt de l'humanité tout entière, les navigateurs dévoués, ne dussent avoir en perspective que des regrets vulgaires, sans renommée acquise à leurs noms, s'ils succombent aux périls de leurs courses aventureuses, si les flots de l'Océan les engloutissent, eux et les monuments de leurs travaux! Heureusement il n'en est pas ainsi : les marins et les naturalistes français en ont fourni un grand et mémorable exemple! Il faut le dire à l'honneur de la marine française, le dévoûment de Lapérouse et de ses braves équipages est pour elle un pieux souvenir, un titre sacré qu'elle ne voudrait pas échanger contre la gloire d'une bataille. Ce désastre a fait naître chez nos marins non moins d'émulation que le récit d'une victoire, et c'est une belle et généreuse émulation à entretenir, pour l'honneur du pavillon français et pour le bien de l'humanité, que celle des *Navigations utiles!*

GALAUP DE LAPÉROUSE (Jean-François) naquit à Albi, en 1741. S'il n'eut pas, comme le célèbre Cook, la gloire de n'avoir dû qu'à lui-même toute son instruction, il eut au moins le mérite d'avoir mis sérieusement à profit celle que ses parents lui firent donner, en secondant l'inclination qui le portait à devenir marin. Admis à quinze ans en qualité de garde de la marine (17 novembre 1756), il fut blessé à bord du *Formidable* et fait prisonnier par les Anglais, au combat soutenu par l'escadre du maréchal de Conflans (1759). Enseigne, puis lieutenant de vaisseau (1764 et 1777), il employa les quatorze années de paix, de 1764 à 1778, à parcourir les mers les plus lointaines, d'abord comme simple officier, ensuite avec commandement sur plusieurs bâtiments du roi. A la reprise des hostilités (1778), Lapérouse reçut le commandement de la frégate l'*Amazone,* dans l'escadre du comte d'Estaing, et prit une frégate anglaise (l'*Ariel*). Capitaine de vaisseau (1780), commandant l'*Astrée,* sur les côtes de la Nouvelle-Angleterre, et réuni à l'*Hermione,* commandée par Latouche-Tréville, il rencontra, près de l'île Royale, une frégate anglaise et cinq petits bâtiments. La frégate et l'un des bâtiments furent pris ; les autres échappèrent. Arrivé au cap Français, Lapérouse reçut alors le commandement de l'escadre, à la tête de laquelle il alla détruire les établissement anglais de la baie d'Hudson (1782). Informé que beaucoup d'Anglais, qui avaient fui dans les bois, étaient exposés à périr de faim ou à tomber entre les mains des sauvages, il leur laissa, par humanité, des vivres et des armes. Ce fut cette campagne remarquable qui, révélant dans Lapérouse l'officier capable de diriger un voyage de découvertes, lui fit confier le commandement de l'expédition dans laquelle il devait immortaliser son nom.

Les voyages de Cook avaient frappé Louis XVI et lui avaient inspiré le désir d'ordonner une campagne de découvertes : il voulait faire participer les Français à la gloire que le navigateur anglais venait de donner à sa nation. Un projet de campagne fut d'abord esquissé, d'après ses propres idées, et lui fut soumis. L'original subsiste encore, et l'on y voit des notes en marge, écrites de la main du roi. Toutes ces notes révèlent une connaissance approfondie de la géographie, de la navigation et du commerce. On y voit surtout se développer une âme qui ne respire que les plus purs sentiments d'humanité. Les instructions données à Lapérouse, avant son départ, ne sont que le développement de ces vues générales. Fleurieu, ami de Lapérouse, fut chargé de les rédiger et il prépara les moyens d'exécution. Jamais intentions bienfaisantes n'ont été secondées avec plus de zèle et de lumières. On arma à Brest les frégates *la Boussole* et *l'Astrolabe*, qui reçurent chacune cent hommes d'équipage. Lapérouse commanda le premier de ces navires, et Delangle, son ami, son compagnon dans la baie d'Hudson, commanda le second.

L'expédition mit à la voile le 1er avril 1785, relâcha à Madère, puis à l'île Sainte-Catherine, doubla le cap de Horn et alla mouiller dans la baie de la Conception, sur les côtes du Grand-Océan (22 février 1786). Faisant route ensuite vers le nord, Lapérouse toucha à l'île de Pâques et aux îles Sandwich, que J. Cook avait découvertes; il alla atterrir au Mont-Saint-Elie, côte N.-O. d'Amérique, vers le 60° de latitude, et longea toute cette côte du nord au sud, jusqu'au port de Monterey, sur une longueur de cinq à six cents lieues. Ce fut alors qu'il découvrit le *Port des Français*, découverte chèrement payée par la perte des canots que montaient les deux frères de La Borde, le lieutenant d'Escures et leurs dix-huit compagnons (13 juillet 1786). Le second point important de la campagne était de reconnaître les mers du Japon. On remit à la voile, à Monterey, le 24 septembre 1786; on découvrit, le 5 novembre, la petite île Necker; et, dans la nuit du lendemain, les deux frégates, qui marchaient très rapprochées l'une de l'autre, faillirent se perdre ensemble sur le récif. L'expédition relâcha dans la rade de Macao, puis à Manille, et mouilla, le 27 février 1787, dans le port de Cavite, d'où elle repartit, le 10 avril, pour les côtes de Tartarie et les îles du Japon. Lapérouse est le premier qui ait levé, sur ces contrées, les doutes que les récits confus des missionnaires avaient fait naître. Le port d'Estaing, la baie de Castries, le cap Crillon, le détroit de Lapérouse, le canal de la Boussole, reçurent alors leurs noms des Français. Les frégates mouillèrent le 7 septembre 1787, dans le havre de Saint-Pierre et Saint-Paul, au Kamtschatka; elles en repartirent le 29; puis, reprenant leur route vers le sud, et passant par les îles des Navigateurs et des Amis, elles arrivèrent à Botany-Bay, le 16 janvier 1788, au moment où le commodore Philip quittait cette baie, pour transférer son établissement au port Jackson.

Le second désastre de cette glorieuse mais fatale expédition, avait eu lieu dans l'Archipel des Navigateurs. Delangle, capitaine de l'*Astrolabe*, le naturaliste Lamanon et plusieurs de leurs compagnons avaient été massacrés par les sauvages de l'île de Maouna, le 10 décembre 1787. Ce malheur était comme le présage de la catastrophe dont Lapérouse et le reste de ses compagnons devaient être victimes. C'est depuis son départ de Botany-Bay que l'on a cessé d'en recevoir des nouvelles par voie directe et certaine. Il mandait au ministre de la marine, dans sa dernière lettre, datée du 7 février 1788 : « Je remonterai aux îles des Amis, et je ferai absolument tout ce qui m'est enjoint par mes instructions relativement à la partie méridionale de la Nouvelle-Calédonie, à l'île Santa-Cruz de Mendina, à la côte sud de la terre des Arsacides de Surville et à la terre de la Louisiade de Bougainville, en cherchant à connaître si cette dernière fait partie de la Nouvelle-Guinée ou si elle en est séparée. Je passerai, à la fin de juillet 1788, entre la Nouvelle-Guinée et la Nouvelle-Hollande, par un autre canal que celui de l'Endeavour, si toutefois il en existe un. Je visiterai, pendant le mois de septembre et une partie d'octobre, le golfe de la Carpentarie et toute la côte occidentale de la Nouvelle-Hollande jusqu'à la Terre de Diémen, mais de manière, cependant, qu'il me soit possible de remonter au nord assez tôt pour arriver, au commencement de décembre 1788, à l'Ile-de-France... »

Telle fut la série de reconnaissances qui servirent à tracer le plan du voyage de MM. d'Entrecasteaux et d'Auribeau, envoyés, en 1791, à la recherche de Lapérouse, dont ils ne purent retrouver aucune trace. M. Lesseps, qui avait quitté l'expédition de Lapérouse au Kamtchatka, était revenu par terre avec tous les journaux et cartes de cette partie de la campagne. Ce voyage fut publié aux frais de l'Etat et au bénéfice de la veuve de Lapérouse, née Broudou, de l'Ile-de-France. Il l'avait épousée peu de temps avant son départ, et elle ne lui survécut que tant qu'elle conserva l'espérance de le revoir.

Trente-cinq ans s'étaient écoulés sans nouvelles certaines, lorsque l'Académie des Jeux floraux de Toulouse couronna, en 1823, l'éloge de Lapérouse par M. Vinati. La catastrophe de Lapérouse a fourni le sujet de l'un des épisodes du poème de *la Naviga-*

tion, par Esménard, et d'Avrigny lui a consacré un poème entier.

Le sort de Lapérouse paraissait devoir rester à jamais ignoré, lorsqu'un hasard inespéré remit tout à coup sur ses traces. Une poignée d'épée, trouvée entre les mains des insulaires de Tikopia, éveilla l'attention de l'Anglais Peter Dillon, qui apprit que les habitants des îles Mallicolo (*Vanikoro* de d'Urville), à deux journées sous le vent de Tikopia, avaient en leur possession un grand nombre d'objets de fabrique européenne. De retour à Calcutta, Dillon obtint de la Compagnie anglaise des Indes-Orientales le commandement du navire *la Recherche* (*the Rescarch*), et, le 13 septembre 1827, il mouilla dans le port de Vanikoro, où il réussit à se procurer par échange la majeure partie des objets qui se trouvaient entre les mains des naturels, et resta convaincu que de grands navires français avaient fait naufrage sur ces côtes inhospitalières.

Quatre mois après, la corvette française l'*Astrolabe*, sous les ordres du commandant Dumont-d'Urville, parut dans les mêmes parages et vint s'amarrer dans le bassin intérieur de Vanikoro. Là, pendant vingt-cinq jours consécutifs, tout ce qu'il était humainement possible de faire pour retrouver les traces de nos malheureux compatriotes fut exécuté avec courage et persévérance.

Courses continuelles en canot, séjour à terre parmi les habitants, exploration détaillée de l'île entière, rien ne fut négligé. Les naturels, accablés de présents, pressés de questions, s'accordaient tous sur ce point que deux grands navires s'étaient perdus sur leurs récifs, et qu'aucun des naufragés n'existait sur Vanikoro ni sur aucune des îles voisines. Plusieurs d'entre eux se rappelaient même que les deux bâtiments portaient le même pavillon blanc que la corvette.

Lorsque l'équipage entier de l'*Astrolabe* fut convaincu de cette triste vérité, tous les efforts furent dirigés de manière à réunir la plus grande quantité possible de preuves matérielles du naufrage. Longtemps les canots errèrent inutilement parmi les récifs ; enfin un sauvage, tenté par une pièce de drap rouge, conduisit l'une des embarcations dans une coupure au travers des brisants, et là, à la profondeur de douze à quinze pieds, on distingua bientôt, disséminés çà et là, et empâtés de coraux, des ancres, des canons, des boulets et de nombreuses plaques de plomb. Il ne restait plus que des objets de métal ; tout le bois avait disparu, détruit sans doute par le temps et le frottement des lames. La disposition des ancres faisait présumer que quatre d'entre elles avaient coulé avec le navire, tandis que deux autres avaient pu être mouillées. L'aspect des lieux donnait à penser que le navire avait tenté de s'introduire au-dedans des récifs par une espèce de passe, qu'il avait échoué, et n'avait pu se dégager de cette position fatale.

Après des efforts inouïs, on parvint à arracher des coraux une ancre et un canon, désirant les apporter en Europe comme preuve authentique du naufrage et des efforts des Français sur les récifs de Vanikoro. L'équipage l'*Astrolabe* ne se livra pas impunément à ces pénibles recherches ; et sur soixante-quinze hommes arrivés en santé parfaite, quarante cinq furent bientôt hors de service, accablés par la fièvre.

Au moment du départ, un seul officier était en état de commander la manœuvre.

Avant de quitter ce funeste séjour, le capitaine et les officiers élevèrent à la mémoire de leurs infortunés prédécesseurs un monument modeste, en attendant que la France accomplît un devoir sacré, en faisant construire en ce lieu un mausolée plus durable.

Parmi l'immense quantité de débris métalliques rapportés en Europe, et dont la majeure partie est actuellement déposée à Paris, au Musée naval, on doit remarquer plusieurs pièces en argent et en cuivre timbrées de fleurs de lys, et la grande cloche du navire, sur laquelle on lit les mots « *Bazin m'a fait.* » Enfin, l'unique morceau de bois retrouvé, qui est un fragment de poupe, se rapporte avec les dessins qui ont été conservés des sculptures de la poupe de la frégate *la Boussole*.

En comparant et discutant les différents récits des naturels, voici la version la plus vraisemblable, et qui a été adoptée par le commandant d'Urville.

A la suite d'une nuit très obscure, durant laquelle le vent du sud-est soufflait avec violence, le matin, les insulaires virent tout à coup sur la côte méridionale, vis-à-vis du district de Tanema, une immense pirogue échouée sur les récifs. Elle fut promptement démolie par les vagues, et disparut entièrement sans qu'on en pût rien sauver par la suite. Des hommes qui la montaient, un petit nombre seulement put parvenir à gagner la terre. Le jour suivant, et de même dans la matinée, les sauvages aperçurent une seconde pirogue semblable à la première, échouée devant le village de Païou. Celle-ci, sous le vent de l'île, moins tourmentée par la mer et d'ailleurs assise sur un fond régulier de douze à quinze pieds, resta longtemps en place sans être détruite. Les étrangers qui la montaient descendirent à Païou, où ils s'établirent avec ceux de l'autre navire, et travaillèrent sur-le-champ à construire un petit bâtiment des débris du second vaisseau.

Les Français, que les naturels nommèrent *Maras*, furent, disent-ils, toujours respectés par les indigènes : cependant il y eut de fréquentes rixes, et, dans l'une d'elles, les naturels perdirent plusieurs guerriers, dont trois chefs, et il y eut deux *Maras* de tués. Enfin, après six ou sept heures de travail, le petit bâtiment fut terminé, et les étrangers quittèrent l'île, suivant l'opinion la plus répandue. Quelques-uns ont affirmé qu'il resta deux *Maras,* mais qu'ils ne survécurent pas longtemps.

LA TOUR-D'AUVERGNE

PREMIER GRENADIER DE FRANCE

1743-1800

Théophile Malo CORRET DE LA TOUR-D'AU-VERGNE naquit dans la ville de Carhaix, en breton *Keraës,* dans le département du Finistère, le 23 décembre 1743 ; il était descendant du grand Turenne.

On connaît peu ses premières années. Il a cela de commun avec un grand nombre d'hommes célèbres.

On sait que, dans son enfance, sa santé était délicate, son individu frêle, et qu'on le crut menacé d'éthisie.

Il fit ses études chez les jésuites de Quimper, et remporta souvent ces palmes des écoles, première noble joie de l'adolescence, dont le souvenir dure toute la vie.

Déjà, il était fier d'appartenir à une province dont les anciens habitants, appelés par César *une nation superbe et trop haute pour la servitude,* n'avaient cédé qu'après une longue résistance, et lorsque Rome achevait la soumission de l'univers.

Le jeune homme voyait aussi avec orgueil la Bretagne devenue, dans les temps modernes, le berceau des Beaumanoir et des Duguesclin, des Clisson et des La Noue, de Duguay-Trouin et de tant d'autres guerriers ou marins célèbres.

Quand il sortit du collége, il continua l'ouvrage de ses maîtres et devint lui-même son instituteur. L'étude développait en lui le goût de l'étude. On le vit se livrer avec ardeur à la science de l'histoire ancienne et moderne, à celle des langues, à la recherche des origines gauloises, à l'investigation des antiquités de l'Armorique. Les Commentaires de César, le livre de Tacite sur les Mœurs des Germains étaient particulièrement l'objet de ses méditations. Il découvrit que sa ville natale était une des plus anciennes cités de la Bretagne. *Ker,* en breton, signifie *ville;* dans cet idiome, Carhaix est appelée *Keraës:* il trouva que ce nom venait de *Keraetius,* ville d'Aétius, qui fut préfet de Rome dans les Gaules; et, à l'appui de cette opinion, vint la découverte qu'il fit des ruines d'un aqueduc, d'une voie romaine et d'autres monuments.

Ainsi l'antiquaire précéda le guerrier. On le verra bientôt, et toujours depuis, dans les loisirs de garnison comme dans le tumulte des camps, ne déposer l'épée que pour ouvrir un livre : lire et combattre, ce sera toute sa vie; il ne cessera de montrer, dans le guerrier, le savant, et dans le savant, le citoyen.

Sa famille, par une sorte de pressentiment, l'avait destiné à la carrière militaire. La malheureuse guerre de Sept-Ans, commencée en 1775, allait bientôt s'achever au milieu des revers de nos armes. L'amour de la patrie et l'indignation de son abaissement fermentaient dans le cœur du jeune Armoricain. Son enthousiasme était encore exalté par le souvenir des héros de l'antiquité. Soudain il interrompt ses études, se rend précipitamment à Brest, sollicite avec chaleur et obtient d'être admis dans un des régiments qui vont faire voile pour les Antilles. Mais, en ce moment même, le cabinet de Versailles signait l'affligeant traité de 1763, et achetait la paix par la ruine de notre marine, par la cession du Canada, par la perte de la domination française dans l'Indoustan, par l'admission d'un commissaire anglais à Dunkerque, *s'indignant*, dit Gilbert, *d'obéir à deux rois*, et par l'anéantissement de notre considération en Europe.

Théophile rentra triste dans ses foyers. Mais son faible tempérament s'était fortifié dans le voyage de Brest; et ses parents, craignant pour lui les dangers d'une vie sédentaire, s'empressèrent de lui trouver un exercice utile. Ils le firent entrer dans le corps des mousquetaires, le 3 avril 1767, jour mémorable où s'ouvrit devant lui la carrière qu'il ne devait quitter qu'avec la vie.

Il est vraisemblable qu'avant d'être formellement reconnu par le chef de la maison de Bouillon, il était déjà protégé par lui et qu'il dut à sa recommandation son entrée dans la Maison du roi.

Mais le corps des mousquetaires n'était ni une école de mœurs ni un modèle pour la discipline. On vit alors, avec un étonnement où se mêlait l'estime, le jeune compagnon de petits-maîtres brillants et légers dédaigner la vie aventureuse des boudoirs de Versailles et de Paris.

Soit qu'il ne reconnût pas assez l'âme du soldat dans ces jeunes, soit qu'il craignît pour lui-même l'entraînement et la contagion ; soit enfin qu'il ne trouvât dans le service militaire de la Maison du roi qu'une espèce de domesticité brillante, sans accord avec sa mâle simplicité, avec l'esprit guerrier des temps antiques dont il était animé, sa place lui parut mieux marquée dans un des vieux corps de l'infanterie française, et, après cinq mois de service dans les mousquetaires, il entra, le 7 septembre 1767, dans le régiment d'Angoumois, où, depuis cette époque jusqu'en 1784, il monta, de grade en grade, à celui de capitaine de grenadiers.

La paix régnait depuis trois ans : le jeune officier en employa savamment les loisirs dans les garnisons, et dans les semestres qui le rendaient aux foyers domestiques.

Ce fut l'époque de ses premières liaisons avec l'homme le plus savant de l'Armorique, Le Brigant, si profondément versé dans la connaissance des antiquités celtiques. Il s'enfonça dans l'étude des langues, rechercha leur origine, les caractères qui leur étaient propres, leurs filiations, leurs révolutions et leurs curieuses analogies. C'est alors qu'il conçut le projet de son ouvrage sur les *Origines gauloises*, et celui d'un vaste *Dictionnaire polyglotte* en quarante langues, qu'il prépara dans de longues veilles, mais que sa vie de guerrier et des jours trop courts pour une entreprise aussi gigantesque, ne lui permirent pas de terminer.

Lorsque éclata la révolution américaine, le bruit des premiers combats livrés pour la liberté dans le Nouveau-Monde traversa rapidement les mers, et vint éveiller, dans la vieille Europe, un enthousiasme sympathique.

Bientôt les *Insurgents* (tel était le nom qu'on donna d'abord aux Anglo-Américains) sentirent la nécessité d'engager des armes auxiliaires dans une cause qu'ils ne pouvaient seuls faire triompher. Ils envoyèrent en Europe des délégués qu'ils n'osaient encore appeler ambassadeurs. Ils choisirent pour agent à la cour de Versailles un ancien ouvrier imprimeur : c'était Franklin.

La France avait à venger ses défaites, à relever l'honneur de son pavillon. Louis XVI entra dans les idées de Franklin, dans le sentiment général de la nation. L'indépendance américaine fut reconnue (1778), et des flottes et une armée allèrent aider un peuple nouveau dans sa lutte contre un pouvoir oppresseur. Ainsi, ce fut par la France que s'accomplit ce grand événement.

Théophile Corret, que nous appellerons dorénavant La Tour-d'Auvergne, eût voulu, à l'exemple de Lafayette, aller comme volontaire, combattre dans les champs américains : mais s'il ne put servir la cause de l'indépendance dans son berceau, il lui prêta son appui lorsque l'Espagne s'unit à la France contre l'Angleterre. Le duc de Crillon allait commencer la campagne de Minorque. La Tour-d'Auvergne demande et obtient, à la faveur d'un congé, de servir sous ses ordres. Il arrive sous les murs de Mahon, se présente au général comme simple volontaire, et marche sous le drapeau espagnol qu'il devait plus tard combattre avec tant d'éclat.

Il se distingue au siége mémorable de Mahon, et dans de nombreux combats, cherchant toujours les grands périls et se précipitant dans les chaudes mêlées.

Un peloton espagnol était vivement chargé par un parti anglais; il s'élance sur le chef, le combat corps à corps, et le renverse mort à ses pieds. Le général Crillon l'embrasse, lui décerne l'épée de ce chef abattu; et, dans une lettre qu'il s'empresse d'écrire à la sœur du volontaire français, il la félicite d'avoir un frère si digne et si vaillant.

La guerre pour la liberté durait dans le Nouveau-Monde depuis neuf ans, lorsque le cabinet anglais reconnut l'indépendance des Etats-Unis; la paix fut proclamée le 25 novembre 1783, et La Tour-d'Auvergne rejoignit le régiment d'Angoumois.

Pendant la paix, il partagea sa vie entre l'étude et le service militaire, entre la garnison et ses foyers.

Au milieu de ses vastes travaux, il entretenait une correspondance suivie avec son ancien général, devenu son ami. Crillon le pressait de faire le voyage d'Espagne. Après avoir longtemps résisté, il céda enfin aux plus vives instances et partit pour Madrid. Le tendre accueil qu'il reçut de Crillon ne s'effaça plus de sa mémoire; il aima toujours depuis à en causer avec ses amis. Mais aucune vanité ne déparait ces nobles souvenirs : ils ne vivaient en lui que par l'estime et la reconnaissance.

La cour d'Espagne reçut aussi La Tour-d'Auvergne avec honneur, et, le 5 mai 1786, le volontaire de Mahon fut décoré de l'ordre militaire de Charles III.

Au titre de chevalier était attachée une pension de mille livres. Le héros montra un rare exemple de désintéressement civique. Il refusa la pension, quoiqu'il fût pauvre; et ce refus avait sa source dans les sentiments les plus élevés. Il s'honorait d'avoir servi dans les rangs d'un peuple ami; mais il pensait ne pouvoir accepter de gratifications que de sa patrie, et il repoussait l'idée d'être pensionnaire de l'étranger. Il se contenta donc d'accepter la croix qui n'imposait aucune obligation; il pouvait trouver honorable de la porter : c'était une distinction toute militaire, un témoignage de la valeur guerrière donné, hors de son pays, à un soldat français.

Bientôt la révolution de 1789 vint étonner le monde.

Placé à l'avant-garde de l'armée des Alpes, que commandait le général Montesquiou, La Tour-d'Auvergne se distingua dans les combats qui soumirent la Savoie, et il entra le premier, l'épée à la main, dans les murs de Chambéry.

Mais c'est dans l'armée des Pyrénées-Occidentales que La Tour-d'Auvergne devait acquérir une renommée impérissable qui semble grandir encore sur sa tombe. Le général en chef Muller n'avait choisi, pour commander l'avant-garde, composée d'un corps de grenadiers, que le plus ancien de leurs capitaines : c'était La Tour-d'Auvergne. Bientôt ce corps fut appelé la *Colonne infernale,* parce que rien ne résistait à son effort, et que souvent l'avant-garde avait vaincu quand l'armée arrivait sur le champ de bataille.

Au mois de mars 1793, la campagne est ouverte, La Tour-d'Auvergne se présente, avec ses grenadiers, à l'entrée du Val d'Aran. Les neiges qui couvrent les monts sont entassées dans des gorges étroites. Les arbres blanchis à leur cime s'y montrent comme ensevelis : c'est là qu'il faut pénétrer, et les passages sont impraticables. Les pionniers, armés de longues rames, s'avancent, battent, pour les affermir, les dernières couches des neiges amoncelées. La Tour-d'Auvergne, avec son avant-garde, s'élance dans ce frêle et périlleux chemin tracé sur des abîmes, et qui peut soudain s'affaisser et disparaître. Le passage merveilleux est effectué par le col glacé du Portillon. Un détachement espagnol était rangé sur la plate-forme d'une église. *En joue!* cria La Tour-d'Auvergne : soudain l'ennemi met bas les armes, et bientôt, par l'impétuosité du courage et par l'habileté des mouvements ordonnés, les Espagnols sont chassés de la vallée d'Aran.

Un mois s'était écoulé; La Tour-d'Auvergne se trouvait aux avant-postes avec cent cinquante grenadiers, et derrière cette poignée de braves se reposait l'armée, confiante d'ailleurs dans l'inaction de l'ennemi. Cependant, méditant une surprise, les Espagnols se rassemblent dans les ombres de la nuit; ils s'avancent. Quand, du haut du mamelon qu'occupent les grenadiers, La Tour-d'Auvergne découvre, aux premières et douteuses clartés du jour, les bataillons ennemis en marche dans la plaine : « Camarades, s'écrie-t-il, les voici ! gardons notre poste, ou périssons ! » Et, soudain, tous ont répété le même serment. Alors, unissant au courage la ruse, le capitaine, par l'étendue qu'il donne à son détachement, le fait croire plus nombreux. L'action s'engage, les munitions sont bientôt épuisées ; La Tour-d'Auvergne fait battre la charge, culbutte la cavalerie, soutient les efforts de l'infanterie, et, par l'audace et la rapidité de ses mouvements, donne aux corps placés en échelons derrière l'avant-garde, le temps de se réunir et d'arriver sur le champ du combat pour décider la victoire.

Un château, gardé par des soldats, gênait les mouvements de l'armée. La Tour-d'Auvergne est chargé d'enlever ce fort improvisé. Il se présente sans artillerie devant d'épaisses murailles, avec quatre-vingts grenadiers qui demandent à voir l'ennemi en face. Il court et s'avance à leur tête jusqu'aux meurtrières, d'où part un feu soutenu. Les grenadiers y engagent le bout de leurs fusils, croisent le feu des assiégés, le combat et terrible, trente grenadiers sont blessés : enfin la cour se remplit de tourbillons de fumée ; les assiégés ne peuvent ni respirer ni se reconnaître ; ils gagnent en désordre les appartements élevés que bientôt la flamme atteint et ravage : ils demandent à se rendre, et sont faits prisonniers.

Après la prise de Fontarabie et le combat d'Heya (1ᵉʳ août 1794), l'armée espagnole opérait sa retraite, cherchant à prendre position pour couvrir la place importante de Saint-Sébastien. L'armée français poursuivait ses succès. Le 2 août, elle avait chassé l'ennemi des postes d'Hernani et du Passage, et s'approchait de Saint-Sébastien. Cette ville était défendue par de bonnes fortifications, par une nombreuse artillerie, et avait une garnison de 2,000 hommes.

Déjà les Français s'étaient emparés des hauteurs qui dominent la ville; mais ils ne pouvaient battre en brèche, n'ayant alors pour toute artillerie qu'une pièce de huit. Le général en chef mande La Tour-d'Auvergne, et l'envoie seul dans la place. La Tour-d'Auvergne entend et parle l'espagnol comme plusieurs autres langues; son éloquence est vive et persuasive. Il confère avec les alcades, harangue le peuple et épouvante le gouverneur. Il annonce que les Français ont pris Fontarabie, que l'armée espagnole est vaincue, dispersée, et qu'une artillerie formidable va réduire en cendres la ville si elle refuse d'ouvrir ses portes. Il parlait et menaçait avec assurance. « Mais, capitaine, dit le gouverneur, vous n'avez pas tiré un seul coup de canon sur ma citadelle : faites-moi du moins l'honneur de la saluer. Sans cela, vous voyez bien que je ne puis vous la rendre. »

« Eh bien! on va vous satisfaire, » répond froidement La Tour-d'Auvergne; il retourne au camp et fait tirer l'unique pièce des assiégeants. La place répond par un feu terrible; alors, l'intrépide parlementaire se présente de nouveau devant le gouverneur, le somme de rendre les clefs; la capitulation est signée le 4 août, et la garnison demeure prisonnière de guerre.

La prise de Saint-Sébastien fut annoncée au comité

de Salut public par une lettre du général en chef Muller. Barère fit à la Convention nationale un rapport sur le brillant succès de nos armes. Il annonça que l'armée des Pyrénées-Occidentales avait, dans l'espace de quelques jours, fait quatre à cinq mille prisonniers, pris trois cent cinquante à quatre cents pièces de canon, des magasins immenses, et vingt-cinq à trente navires richement chargés; ces succès furent dus en grande partie au courage habile du commandant des grenadiers.

Pendant cette guerre d'Espagne, La Tour-d'Auvergne partagea les fatigues et le pain du soldat. On le vit s'imposer volontairement toutes les privations : il marchait nu-pieds quand les souliers manquaient à ses compagnons d'armes; comme eux, il couchait sur la paille ou sur la terre nue; dans les marches, il conduisait son cheval par la bride, et quand il voyait un grenadier trop fatigué : « Camarade, disait-il, monte sur mon cheval, je suis las de le conduire, » et il fallait obéir. Il était aimé pour sa bonté, estimé pour ses lumières et pour son courage, que n'étonnait aucun danger; il entraînait par sa parole, par la confiance et par l'attachement qu'il inspirait; il ne faisait point sentir son autorité : le dévouement des soldats la rendait absolue. Plusieurs fois on lui offrit, et toujours il refusa le grade de général.

On ne peut retracer ici tous ses exploits dans la guerre, il resterait trop peu de place pour peindre sa vie de soldat, son désintéressement, son humanité, ses autres vertus et son grand caractère. Citons rapidement quelques traits.

L'armée française souffrait de la disette : des partis

espagnols étalaient des vivres et des vins en abondance aux yeux de nos soldats séparés d'eux par une rivière, et aucun bateau pour la traverser n'était sur ses bords. « Qui veut dîner me suive! » dit gaîment La Tour-d'Auvergne, et il se jette à la nage, ses grenadiers le suivent, et les Espagnols, fuyant, abandonnent leurs provisions.

Ayant, un jour, réuni à la colonne du centre tous ses grenadiers, il gravit, par les vallées du Bastan, de hautes montagnes, emporta les redoutes et fit huit à neuf mille prisonniers. A la suite de plusieurs marches forcées, les belles fonderies d'Eguy et d'Obey-Retié, devinrent sa conquête : on les estimait 32 millions; elles étaient défendues par les plus habiles tireurs de la Péninsule et par les miquelets catalans.

Les commencements de cette guerre avaient eu quelques mauvais jours pour nos armes; les Espagnols avaient forcé le camp de Sor, la retraite devenait difficile. La Tour-d'Auvergne n'était pas seulement *le plus brave des braves* (c'est ainsi qu'on l'avait déjà surnommé), il était versé dans l'art de la guerre; et, par l'habileté de ses manœuvres, il facilita la retraite et dégagea l'armée. Ce beau fait d'armes fut retracé à la tribune de la Convention nationale, et le nom de La Tour-d'Auvergne honorablement proclamé dans la séance du 8 mai 1793.

La Tour-d'Auvergne allait au combat tête nue, tenant son manteau roulé sous le bras gauche. Ce manteau, qui lui servait d'oreiller pendant la nuit, et que les soldats prenaient pour signal de ralliement dans la mêlée, fut souvent atteint par le feu de l'ennemi; et comme le grenadier commandant n'était jamais lui-même blessé : « Notre capitaine, disaient-ils, a le don de charmer les balles. »

Tandis que les factions et l'anarchie déchiraient la France, il disait aux officiers et aux soldats : « Nous ne connaissons point de partis; nous savons que l'ennemi est là : voilà tout ce qu'il nous faut savoir. »

Un jour qu'un des proconsuls envoyés aux armées lui vantait son crédit et lui offrait sa protection :
— Vous êtes donc bien puissant? lui dit le héros. — Sans doute. — Eh bien! demandez pour moi... — Un régiment? — une paire de souliers.

Tandis qu'il était question de le destituer comme noble, le délégué d'un autre proconsul vint le sommer d'aller lui rendre ses hommages; il répondit : « Dis à ton maître que je ne fais la cour à personne, que je ne connais d'autre devoir que celui de combattre et de vaincre l'ennemi; et, s'il est tout-puissant comme tu l'annonces, dis-lui de mettre l'Espagnol en fuite : je l'entends qui s'avance, et je vais faire battre la charge. » Mais la tyrannie révolutionnaire ne pouvait atteindre La Tour-d'Auvergne au milieu de ses grenadiers, qui auraient su le défendre et le garder.

La paix fut signée avec l'Espagne le 22 juillet 1794. L'armée française repassa les Pyrénées. Mais tous les lieux où La Tour-d'Auvergne avait campé ou combattu gardèrent le souvenir, qui n'est point encore effacé, de la simplicité de ses mœurs, de sa bravoure et de son humanité. On le vit, dans ces temps où la guerre à mort était déclarée, épargner, protéger les vaincus, faire respecter le sexe, la vieillesse et l'enfance, et n'emporter de tant de combats d'autre butin que la gloire et son manteau criblé par les balles.

Il s'était embarqué à Bayonne, où il fit imprimer ses *Origines gauloises,* pour aller retrouver, dans le Finistère, le repos et l'obscurité de ses foyers. Mais le bâtiment qui le portait fut pris par les Anglais ; et, quoique La Tour-d'Auvergne ne s'y trouvât qu'en qualité de passager, il fut considéré comme prisonnier de guerre et transféré dans le comté de Cornouailles. Là, à l'aide du langage bas-breton, il put facilement entendre les habitants de cette contrée, ainsi que ceux du pays de Galles, et il écrivit à un de ses amis : « Je suis encore avec les Celtes. »

Jusqu'alors l'épreuve du malheur avait manqué à sa vertu : il soutint cette épreuve sans y faillir. L'ordre avait été donné de lui arracher la cocarde aux trois couleurs. Il défendit d'une voix forte et sévère les droits du captif désarmé, et ses geôliers s'arrêtèrent avec respect, étonnés et confondus. Il donna aux prisonniers français l'exemple de la constance, et supporta avec dignité son obscure infortune, comme il avait soutenu, avec modestie, sa renommée sur le théâtre de ses exploits. Sans nouvelles de sa patrie, il aimait à célébrer, avec ses anciens frères d'armes, l'anniversaire des premières victoires de la Révolution, et, dans des banquets où tout manquait, excepté le pain et l'eau, retentissaient des chants patriotiques.

Echangé, après un an de captivité, La Tour-d'Auvergne revint dans sa patrie (1797), quand déjà, sur le bruit répandu de sa mort, il avait été remplacé dans son grade ; il rentrait donc en France avec le titre d'officier réformé. Il eût pu réclamer contre cette erreur et facilement la faire réparer : il aima mieux l'oublier.

Mais, quoique pauvre, il ne voulut pas laisser exister le témoignage d'une grande injustice que peut seul expliquer le désordre anarchique des mauvais jours de la Révolution. Tandis qu'il combattait avec tant de gloire sous les drapeaux de la République, son nom avait été inscrit sur la liste des émigrés. Il réclama, et obtint sa radiation.

Il se retira dans une petite maison à Passy, reprit avec ardeur l'étude de nos origines et vécut heureux au milieu des livres et des médailles, de quelques fleurs et de quelques amis. Son appartement était modeste, son habillement simple, sa vie frugale et laborieuse : il se réservait encore, dans de sévères économies, les moyens de soulager l'infortune.

Cependant, un dévoûment rare et digne des temps antiques allait, dans l'âge du repos, le rejeter dans le tumulte des armes. Le savant breton Le Brigant, son compatriote et son ami, père de sept enfants, lui écrit pour le prier de faire exempter de la réquisition l'aîné, qu'elle venait d'atteindre : c'était le compagnon nécessaire de ses longs travaux, et alors l'unique appui de sa vieillesse. Mais La Tour-d'Auvergne ne veut pas priver, dans un temps de revers pour nos armes (1797), la France d'un défenseur : il ne sollicite pas l'exemption ; il demande à remplacer lui-même le jeune réquisitionnaire. Il part, mêlé dans les rangs des soldats qu'il avait commandés : mais l'estime des chefs le suit et le distingue ; il est dispensé de tout service qui n'est que pénible sans être périlleux. Il est invité à la table des généraux et surtout appelé dans leurs conseils. Mais quand l'armée marche au combat, il rentre dans les rangs des grenadiers : il n'est plus que leur camarade et leur modèle.

Après la rupture du traité de Campo-Formio, l'éclat de nos armes avait pâli. La campagne de l'an VII (1799) avait eu des commencements sinistres. La République française, troublée par des divisions intestines, l'harmonie détruite entre le Directoire et les deux Conseils législatifs, l'épuisement des finances, l'inquiétude des esprits, la victoire devenue au-dehors difficile ou infidèle : tels étaient les tristes avant-coureurs d'une révolution nouvelle ; et ils semblaient ouvrir la voie à l'ambition d'un chef qui rêverait l'empire.

Masséna et Lecourbe cherchaient à venger dans la Suisse les désastres de l'Italie. L'épée de La Tour-d'Auvergne fut tirée dans tous les combats qui signalèrent cette campagne et délivrèrent l'Helvétie. Pendant les courts repos de ces sanglantes journées, on vit, comme à l'ordinaire, dans La Tour-d'Auvergne, le savant délasser le guerrier.

Mais, si dans la guerre le repos de La Tour-d'Auvergne était l'étude, l'action était l'héroïsme. Il combattit aux premiers rangs à la reprise de Zurich. Les Russes vaincus, écrasés, refusaient de se rendre ; ils provoquaient par l'injure la fureur des soldats : le héros s'avance et parle dans leur langue qu'il entendait ; son éloquence est rapide comme le danger, et, en même temps que par l'ascendant de sa mâle vertu il retient l'exaspération du vainqueur, il parvient à faire accepter la vie aux vaincus.

Cependant la République en France allait finir son temps. La révolution du 18 brumaire avait tout changé. Le nom de République restait encore, mais il tendait de jour en jour à s'effacer derrière le mot empire.

En janvier 1800, La Tour-d'Auvergne fut nommé, par le sénat conservateur, nombre du Corps législatif, lors de la première organisation de cette assemblée ; mais, dans sa modestie, il refusa d'accepter sa nomination, disant : « Je ne sais pas faire les lois, je ne sais que les défendre ; » et, le 28 janvier, sur son refus, que rien ne put vaincre, il fut remplacé par de Vismes.

Il est dans les destinées humaines de singuliers rapports de faits éloignés, qui étonnent quand ils sont accomplis et rapprochés. Avant la Révolution, un habitant encore obscur de la ville de Carhaix est reconnu par un duc de Bouillon comme descendant d'un de ses ancêtres, qui vivait près de deux siècles auparavant. Ce citoyen se fait un nom dans les armes. La révolution éclate, et ce nom grandit encore. La noblesse est bientôt proscrite ; la liste des émigrés s'ouvre : la vente de leurs biens commence et se poursuit de toutes parts. La Tour-d'Auvergne est devenu dans l'armée un héros populaire, et il rend à la maison illustre qui naguère l'a reconnu bien plus qu'il n'a reçu d'elle : son nom la protège et de grands biens lui sont conservés ou rendus. Le duc de Bouillon veut, dans sa reconnaissance, assurer au héros une existence aisée dans une douce vieillesse. Il lui offre, il le presse d'accepter la terre de Beaumont-sur-Eure, qui vaut dix mille francs de rente. Mais La Tour-d'Auvergne ne veut pas perdre le mérite d'avoir obligé avec désintéressement : il refuse ; le duc presse encore ; il insiste... la résolution de La Tour-d'Auvergne est irrévocable. Huit cents livres de rente composaient toute sa fortune : *C'est beaucoup,* disait-il, *pour un grenadier sous les armes. C'est assez pour un homme qui ne s'est pas fait de besoin dans la retraite.* Il avait abandonné sa pension à une famille pauvre, et il écrivit à un de ses amis : « Du pain, du lait, la liberté, et un cœur qui ne puisse jamais s'ouvrir à l'ambition, voilà l'objet de tous mes désirs. » Quand le discrédit rapide du papier-monnaie vint trop sensiblement diminuer ses faibles ressources, il s'adressa au ministre de la guerre, qui, sur-le-champ, donna l'ordre de lui compter quatre cents écus. La Tour-d'Auvergne ne voulut prendre que cent vingt francs, et dit, en souriant. « Si j'ai besoin encore, je reviendrai. »

Des traits pareils n'étaient guère dans les mœurs de son âge : ils rappellent la simplicité des temps antiques; ils peuvent étonner de nos jours : mais comment s'empêcher de les admirer!

Le 25 avril 1800 (5 floréal an VIII), Carnot, alors ministre de la guerre, digne admirateur de tant de vertu, unie à tant de gloire, écrivit cette lettre mémorable que l'histoire doit conserver :

Le ministre de la guerre au citoyen LA TOUR-D'AUVERGNE-CORRET.

« En fixant mes regards sur les hommes dont l'ar-
» mée s'honore, je vous ai vu, citoyen, et j'ai dit au
» premier consul :

» La Tour-d'Auvergne-Corret, né dans la famille de
» Turenne, a hérité de sa bravoure et de ses vertus.

» C'est l'un des plus anciens officiers de l'armée;
» c'est celui qui compte le plus d'actions; partout *les*
» *braves* l'ont nommé *le plus brave.*

» Modeste autant qu'intrépide, il ne s'est montré
» avide que de gloire, et a refusé tous les grades.

» Aux Pyrénées-Occidentales, le général comman-
» dant l'armée (*Muller*) rassembla toutes les compa-
» gnies de grenadiers, et pendant le reste de la guerre,
» ne leur donna point de chef. Le plus ancien capi-
» taine devait commander : c'était La Tour-d'Auver-
» gne. Il obéit, et bientôt ce corps fut nommé par les
» ennemis *la Colonne infernale*.

» Un de ses amis n'avait qu'un fils, dont les bras
» étaient nécessaires à sa subsistance : la conscription
» l'appelle. La Tour-d'Auvergne, brisé de fatigues, ne
» peut travailler, mais il peut encore se battre ; il vole
» à l'armée du Rhin, remplace le fils de son ami ; et
» pendant deux campagnes, le sac sur le dos, tou-
» jours au premier rang, il est à toutes les affaires, et
» anime les grenadiers par ses discours et son exem-
» ple.

» Pauvre, mais fier, il vient de refuser le don d'une
» terre que lui offrait le chef de sa famille. Ses mœurs
» sont simples, sa vie est sobre ; il ne jouit que du
» modique traitement de capitaine à la suite, et ne se
» plaint pas.

» Plein d'érudition, parlant toutes les langues, son
» érudition égale sa bravoure ; et on lui doit l'ouvrage
» intéressant intitulé : *les Origines gauloises*.

» Tant de vertus et de talents appartiennent à l'his-
» toire ; mais il appartient au premier Consul de la
» devancer.

» Le premier Consul, citoyen, a entendu ce précis
» avec l'émotion que j'éprouvais moi-même ; il vous
» a nommé, sur-le-champ, *Premier Grenadier des*

» *Armées de la République,* et vous décerne un sabre
» d'honneur.

» Salut et fraternité. Signé : CARNOT. »

La Tour-d'Auvergne accepta le sabre d'honneur, et voulut refuser un titre nouveau dans l'histoire, créé pour lui, et qui ne sera jamais peut-être rétabli.

On lui avait laissé le choix du corps où il voudrait servir : il entra dans la 46° demi-brigade comme simple grenadier, et fit partie de l'armée du Danube, qui ne tarda pas à être passé à la nage et sans pontons. Le général en chef Moreau gagna rapidement quatre batailles, à Biberach, à Memmingen sur Liller, à Dillingen ; il conquit la Souabe, une partie de la Bavière, et vengea, dans les plaines d'Hochstedt, l'ancien revers de nos armes.

Le général Kray était vivement poursuivi dans sa retraite. Le 27 juin, Lecourbe l'atteignit au village d'Oberhausen, près de Neubourg. Le combat s'ouvre, la division du général Montrichard se trouve la première engagée et d'abord repoussée : mais, soutenue par la division Granjean, elle reprend l'offensive. L'action est meurtrière et terrible : elle durait encore à dix heures du soir. Les munitions étaient épuisées, mais non le courage ; on avait cessé de tirer, on ne se battait plus qu'à l'arme blanche, qu'avec la crosse des fusils.

Ce fut dans cette horrible mêlée, dit le général Mathieu Dumas, que périt le premier grenadier de France, le brave La Tour-d'Auvergne, véritable preux, modèle de valeur et de vertus guerrières. Il combattait sur la colline d'Oberhausen : il aperçoit un ulhan qui porte une enseigne, il s'élance pour la lui arracher; mais un autre uhlan accourt et l'atteint au cœur avec sa lance.

Deux mois ne s'étaient pas encore écoulés, depuis qu'il avait été nommé *Premier Grenadier des Armées françaises,* quand il trouva la mort des braves qu'il cherchait, et son dernier lit dans un champ de bataille : il y tomba comme Turenne son aïeul ; il lui avait ressemblé dans sa vie, il lui ressembla dans sa mort. C'est ainsi que treize jours auparavant (14 juin 1800), Desaix était tombé vainqueur dans les plaines de Marengo.

En un jour, un monument s'éleva, par la main des soldats, improvisé comme nos victoires, durable comme leur souvenir, simple comme le héros dont il reçut la dépouille, au roulement de tous les tambours voilés, sur la colline d'Oberhausen. L'armée se remit en course, comme pour venger sa mort, et le même jour les Français entrèrent dans Munich, et Vienne menacée allait ouvrir ses portes, quand, peu de jours après (15 juillet), un armistice demandé par l'Autriche vint suspendre le cours de nos victoires.

Cependant l'ordre du jour de l'armée s'exécutait avec un religieux enthousiasme, digne des temps antiques.

Le deuil de l'armée du Danube devint celui de la France, et prit un caractère national.

Un arrêté des Consuls, inséré au *Bulletin des Lois,* ordonne, le 20 juillet 1800, que le sabre d'honneur du Premier Grenadier des Armées françaises sera suspendu aux voûtes de l'église des Invalides, qu'on appelait alors *le Temple de Mars.*

Le lendemain (21 juillet), le Tribunat arrête, à l'unanimité, que, « sensible à la perte que l'armée française a faite dans la personne de son Premier Grenadier, voulant honorer à la fois le dévouement et la modestie du brave La Tour-d'Auvergne, » le président prononcera son éloge et celui des guerriers morts pour la défense de la patrie, à l'anniversaire de la fondation de la République.

La veille de cette fête (22 septembre), par une coïncidence remarquable, qu'il ne faut pas attribuer au hasard, le corps de Turenne, immortel aïeul de La Tour-d'Auvergne, qui était passé de la sépulture des rois au Musée des monuments français, et transféré, avec pompe, sous le dôme des Invalides, en même temps que le sabre de son arrière-neveu est appendu au milieu des trophées dans le haut de la nef.

Bientôt la ville de Carhaix voulut consacrer, dans ses murs, la mémoire du héros qu'elle avait vu naître; et le 5 septembre 1801, un arrêté des Consuls autorisa les habitants à lui élever un monument.

Cinq ans s'étaient écoulés, la République avait fait place à l'Empire, et la 46ᵉ demi-brigade, fière de posséder le cœur du *Premier Grenadier de France,* entendait tous les jours, à l'appel, cette réponse sublime: *Mort au champ d'honneur!* et le lendemain, marchait au combat et à la victoire : rappelant ainsi que, dans l'antiquité, longtemps après la mort d'Ajax, les Locriens, quand ils allaient à la guerre, laissaient vide, dans leurs rangs, la place de ce héros, et gagnaient, en son nom, des batailles.

S'il est beaucoup de noms que conserve l'histoire, il en est peu qui vivent, avec une espèce de prestige, dans le cœur des peuples, et dont le souvenir ne s'efface jamais. Le tombeau que, dans sa course rapide, l'armée française éleva de ses mains, le 28 juin 1800, sur la colline d'Oberhausen, avait été toujours respecté par l'étranger, même au milieu de ses revers : il n'avait ressenti que les outrages du temps, lorsqu'en 1837, le roi de Bavière a fait restaurer ce monument, qu'un ordre du jour de l'armée du Danube avait déclaré *mis sous la sauvegarde de tous les pays.* « Le roi poète y a fait graver, pour inscription, deux vers allemands, dont voici la traduction : *Celui qui meurt dans la terre étrangère trouve pour le repos une patrie, même dans la terre étrangère.*

Il y a ici, dans les faits, quelque chose de grand et d'antique qui rappelle les plus belles *Vies* de Plutarque.

Le cœur de La Tour-d'Auvergne, qui avait été porté, avec la victoire, dans plusieurs capitales de l'Europe et jusque sous les murs du Kremlin par un vieux grenadier, sergent décoré de la 46ᵉ demi-brigade, fut déposé aux Invalides, après le licenciement de l'armée de la Loire, et quand les régiments furent recomposés. Ensuite ce cœur qui ne battant plus, avait fait battre encore pour la patrie et pour la gloire tant d'autres cœurs, fut transporté au Panthéon; puis une comtesse de La Tour-d'Auvergne-Lauraguais obtint qu'il lui serait remis; et, enfin, de nos jours, s'est élevé un long procès entre les membres de la famille de La Tour pour savoir auquel d'entre eux ce noble héritage devait appartenir. Il a été attribué à la famille de Kersausie.

MONTYON — Statue en marbre de Cavelier.

MONTYON
1733-1820

L'Espagne avait eu son Las Casas, défenseur des Indiens; l'Angleterre avait eu son Howard, consolateur des prisonniers. Les Français de notre âge ont trouvé dans le vertueux Montyon l'idéal accompli d'un bienfaiteur de l'humanité, telle que notre civilisation l'a faite. N'est-ce pas en effet le *Génie de la Bienfaisance,* que cette charité qui prévoit tous les besoins moraux et matériels des hommes de son temps? Qu'une plume sans nom ose entreprendre d'écrire cette notice, si courte qu'elle puisse être, sur la vie et sur les bienfaits de Montyon, le reproche de témérité ne saurait l'atteindre. Déjà des écrivains distingués ont payé leur tribut d'éloges à Montyon, et les emprunts qu'on est en droit de leur faire seront dignes de l'homme de bien qu'ils ont célébré. L'éloge de Montyon, d'ailleurs, ne peut être qu'un simple récit sans ornement. Sa vie n'a besoin que d'être racontée, pour se faire lire jusque dans les chaumières.

Antoine-Jean-Baptiste-Robert AUGET, baron de MONTYON, né à Paris, le 23 décembre 1733, était fils d'un maître des comptes, qui jouissait d'une fortune considérable. Le jeune Montyon obtint de brillants succès aux concours généraux de l'université de Paris, dans les classes de seconde et de rhétorique.

Une bonne éducation étendit son esprit naturel, et lui apprit à diriger l'extrême sensibilité de son cœur, non vers les objets qui pouvaient le satisfaire en y répondant, mais vers ceux à qui elle pouvait être utile. Nommé en 1755 (à vingt-deux ans) avocat du roi au Châtelet, M. de Montyon se montra dès lors ce qu'il fut toute sa vie : laborieux, intègre, désintéressé. Sa probité inflexible et sa constance à repousser rudement toute espèce de sollicitations l'avaient fait surnommer le *Grenadier de la Robe*. Nommé bientôt conseiller au grand-conseil, il était déjà maître des requêtes en 1750. Il fallait avoir trente-et-un ans pour remplir cette place; il n'en avait que vingt-sept; mais le roi Louis XV lui accorda des dispenses d'âge motivées sur ses « talents précoces et sa haute capacité. » Ses nouvelles fonctions le firent entrer au bureau du conseil d'état chargé de la législation des colonies françaises. Il passa ensuite aux affaires de la librairie, dont M. de Malesherbes était directeur.

Appelé, en 1768, à l'intendance d'Auvergne, M. de Montyon y obtint la reconnaissance, le respect et l'amour de tous les habitants, surtout des pauvres. Quoiqu'il fût loin d'avoir la grande fortune qu'il a possédée plus tard, il avait pris jusqu'alors régulièrement, sur ses revenus, 20,000 fr. pour les pauvres; mais ces dépenses, il les faisait comme il aimait à les faire, sans que personne en fût instruit; les sommes étaient inscrites dans ses livres sans désignation; seulement, il mettait en marge un signe que l'on a su depuis être celui qui indiquait ses belles actions. Dans le nouveau poste où il était appelé, il ne lui était plus possible de cacher le bien qu'il faisait. Toutes les horreurs d'une grande famine prévenues, non par des aumônes, mais par des travaux publics qu'une sollicitude paternelle dirige; les agriculteurs, les artisans, objets d'un luxe de bienfaisance inconnu jusqu'alors; les riches entraînés par l'exemple le plus touchant; voilà le spectacle qu'offrit l'Auvergne administrée par M. de Montyon. Pour donner du travail aux pauvres, il embellit les villes d'Aurillac et de Mauriac de promenades auxquelles on a donné son nom. Dans ces deux villes, le corps municipal lui a fait ériger des monuments ornés d'inscriptions composées par Marmontel et par Thomas.

Montyon aimait son intendance, parce qu'il y faisait du bien; mais il refusait d'installer les magistrats que lui désignait le chancelier Maupeou, et que l'opinion publique ne repoussait pas moins que la justice. Au grand regret et malgré les réclamations de la province entière, on le révoqua, et on le promena ensuite d'intendance en intendance, d'abord à Marseille, ensuite à La Rochelle. Fatigué de tant d'injustice, Montyon fit enfin parvenir au nouveau roi (Louis XVI), en 1774, par M. de Malesherbes, un mémoire qu'il terminait par ces paroles remarquables : « Si dans les trois départements où j'ai servi il est une seule personne qui puisse articuler la moindre injustice qui procède de moi; si, dans ce mémoire, il est un seul fait qui soit contraire à la vérité, je consens à perdre *la vie, mes biens et l'honneur.* »

Le roi fut très frappé de ce mémoire : il donna ordre qu'on écrivît à M. de Montyon une lettre remplie de témoignages de satisfaction; la lettre fut écrite, mais la place ne fut point rendue; et, pour que Montyon fût nommé conseiller d'Etat, il fallut que le duc de Penthièvre, ce bon prince dont Montyon lui-même a tracé le portrait, vînt le recommander à Louis XVI, avec un zèle digne du protecteur et du protégé.

Montyon partageait sa vie entre ses travaux de charité et la composition d'ouvrages qui avaient encore pour objet l'utilité publique. En 1778, il fit paraître, sous le nom de son secrétaire, M. M***, l'ouvrage intitulé : *Recherches et Considérations sur la population de la France.* Cet excellent ouvrage eut tant de succès, que l'on crut devoir récompenser celui qu'on en supposait être l'auteur. Le livre fut traduit en plusieurs langues. Dans le cours de la même année (1778), Montyon avait concouru pour le prix de l'Académie française, dont le sujet était l'*Eloge du chancelier de Lhospital.* Il n'eut que l'accessit. Madame du Deffant, dans ses lettres, lui a donné le prix.

On a raconté diversement l'anecdote du comte d'Artois (depuis Charles X) et de ses jeunes compagnons, qui renouvelèrent, dit-on, pour le vénérable Montyon, le trait du grand Sully, en butte à la risée des courtisans du jeune roi Louis XIII. Le frère de Louis XVI répara noblement sa faute en nommant, peu de jours après, M. de Montyon chancelier de sa maison (1780). Le nouveau titulaire n'accepta ces fonctions qu'à condition qu'elles fussent gratuites. En 1787, M. de Montyon fut proposé pour être garde-des-sceaux. Dès 1788, ayant le pressentiment de nos troubles politiques, il mit en sûreté une partie de sa grande fortune, dont il faisait un si bel emploi.

Voici la liste des prix annuels que Montyon avait

fondés, comme bienfaiteur des Français, avant d'être forcé de s'enfuir de France. Il avait toujours gardé l'anonyme.

En 1780, un prix pour des expériences utiles aux arts, sous la direction de l'Académie des Sciences; en 1782, un prix en faveur de l'ouvrage de littérature dont il pouvait résulter un plus grand bien pour la société, au jugement de l'Académie française; et, dans la même année (1782), un prix en faveur d'un Mémoire ou d'une expérience qui rendrait les opérations mécaniques moins malsaines pour les artistes et les ouvriers, au jugement de l'Académie des Sciences. Louis XVI fit écrire à l'Académie qu'il voyait avec plaisir cet acte de bienfaisance, et qu'il avait regret de n'en avoir pas eu lui-même l'idée. En 1783, un prix en faveur d'un Mémoire, soutenu d'expériences, tendant à simplifier les procédés de quelque art mécanique, au jugement de l'Académie des Sciences, et un prix pour un acte de vertu d'un Français pauvre; enfin, en 1787, un prix sur une question de médecine, au jugement de l'Ecole de Médecine. Les divers capitaux de ces fondations de prix, les secours envoyés, en 1783, aux pauvres du Poitou et du Berry, et le capital d'une rente viagère assurée, dans la même année, à un homme de lettres que le donateur ne connaissait pas, et qui n'a jamais su le nom de son bienfaiteur, s'élevaient ensemble à une somme de plus de 80,000 livres.

C'est à Genève que Montyon passa les premières années de son émigration. Il était encore dans cette ville, lorsqu'il obtint, en 1792, le dernier de tous les prix que l'Académie française ait donnés, et qui avait été remis cinq années de suite sur ce sujet : *Conséquences qui ont résulté pour l'Europe de la découverte de l'Amérique, relativement à la politique, à la morale et au commerce.* L'auteur ne se nomma point; mais fut reconnu, parce qu'au lieu de prendre le prix, qui était de 3,000 francs, il le destina à celui qui trouverait, au jugement de l'Académie des Sciences *les meilleurs moyens ou les meilleurs instruments pour économiser ou suppléer la main-d'œuvre des nègres.* Forcé, par la marche des armées républicaines, de se réfugier en Angleterre, il y resta jusqu'à la première restauration des Bourbons. Continuant, dans les pays étrangers, à soulager ceux qui souffraient, sans s'informer de leur opinion, il consacrait, chaque année, à Londres, 5,000 francs aux émigrés, ses compagnons d'infortune, et pareille somme aux soldats français républicains, prisonniers en Angleterre, tandis qu'une autre somme de 10,000 francs était régulièrement envoyée en Auvergne pour les besoins des pauvres, sans aucune exception. C'est encore M. de Montyon qui, entendant parler de la misère d'un vieux général, apporte, le lendemain, une somme de 8,000 francs pour le vieux militaire, dont il ne demande pas le nom, et veut absolument rester inconnu.

En 1796, M. de Montyon publia son *Rapport au roi* (Louis XVIII), ouvrage remarquable. L'Académie de Stockholm lui décerna, en 1801, le prix sur ce sujet : *Progrès des lumières au dix-huitième siècle.* La société royale de Gœttingue ayant mis au concours cette grande question : *Quelle influence ont les diverses espèces d'impôts sur la moralité, l'activité et l'in-*

dustrie des peuples? M. de Montyon n'eut pas le prix. MM. de la Société n'avaient demandé, dirent-ils, qu'une brochure. Montyon avait fait un livre, et un livre excellent. Son *Éloge de P. Corneille*, présenté à l'Institut de France, en 1808, ne fut pas admis au concours. L'*État statistique du Tonkin* (1811) fut suivi (1812) des *Particularités et observations sur les contrôleurs généraux les plus célèbres*, de 1660 à 1791.

De retour en France, en 1814, M. de Montyon s'occupa, avec toute l'activité de son âme, de rétablir ses anciennes fondations d'utilité publique, et d'en établir encore de nouvelles.

Pensant qu'il fallait être descendu au dernier degré de l'infortune pour emprunter de l'argent sur des nantissements sans valeur, il consacrait 15,000 francs par an, toujours incognito, à retirer du Mont-de-Piété les effets au-dessous de *cinq francs* appartenant à des mères indigentes. Il offrait 10,000 fr., moitié pour encourager les desséchements et défrichements, moitié pour une *Association de prêt sans intérêt aux artisans et aux laboureurs*. La fondation du prix de statistique, ajoutée aux anciens prix de Montyon, est de 1817.

Mais, de tous les bienfaits de Montyon, le plus admirable, sans doute, car la bienfaisance portée à ce point est devenue une science sublime, c'est la fondation en faveur de la classe si nombreuse et si dédaignée, avant Montyon, des pauvres convalescents des hospices. Les hôpitaux remplis de malades ne peuvent être l'asile des convalescents. Ces malheureux, privés de soins tout à coup, contraints par le besoin à travailler avant le retour de leurs forces, étaient bientôt ramenés par des rechutes aux hôpitaux, où ils rentraient plus souffrants que la première fois. Montyon a prévenu cet aggravement de maux par une riche fondation qui fournit à un grand nombre de convalescents indigents les moyens de subsister jusqu'à ce qu'ils puissent se remettre sans danger à l'ouvrage. C'est au milieu de ces travaux, d'une charité si active et si ingénieuse, que la mort vint ravir Montyon (29 décembre 1820), sans mettre un terme à ses bienfaits. Son testament porta à *trois millions huit cent mille francs* ses donations aux hospices, et à *un million deux cent soixante-quinze mille francs* celles qui doivent servir à tous les prix qu'il avait fondés anciennement ou récemment, et que distribuent, chaque année, l'Académie française et l'Académie des Sciences.

De combien de vertus cette bienfaisance parfaite n'a-t-elle pas doué M. de Montyon? L'ordre, la vigilance, l'activité, la prudence réglaient toutes ses actions. Souvent il fallait attendre avec patience le moment d'être utile; parfois il fallait le prévenir; il fallait aussi, le dirons-nous? dédaigner l'opinion de la société, accusant d'avarice l'homme riche qui ne sacrifiait point au luxe. Pouvait-on imaginer ce que M. de Montyon donnait quand il ne dépensait point? Non : il était plus naturel de croire qu'il accumulait, et ce jugement ne prouve que trop combien M. de Montyon a peu d'imitateurs dans le monde. Cependant il n'avait rien d'austère et ne prêchait que d'exemple. Son humeur n'était point altérée par cette lutte qui arrache au mal une portion des actions de l'homme, et qui le plaçant, presque malgré lui, dans le sentier de la vertu, fait participer ceux qui l'entourent aux combats terribles qu'il soutient. Son penchant entraînait M. de Montyon vers un but que sa volonté avait choisie; et cette harmonie rendait son caractère aussi aimable dans un salon qu'il était sublime dans les réduits de l'indigence. Aussi M. de Montyon comprenait-il l'égalité : après avoir voulu récompenser la vertu sous des haillons, il voulut l'honorer sur les marches du trône, et ordonna, par ses dernières volontés, qu'un buste de marbre, représentant madame Élisabeth de France, fût sculpté à ses frais et exposé à la vénération publique, avec cette inscription : *A la Vertu.*

L'indépendance d'opinion et la tolérance furent, dans M. de Montyon, le résultat de son amour pour le bien, et aussi de cette parfaite justice, dont il s'était fait un devoir, et qui ne laissa jamais dégénérer sa bonté en faiblesse. C'est ainsi que, consultant M. Turgot sur les moyens d'approvisionner l'Auvergne, il réfuta l'opinion de celui-ci, qui base son système sur *l'intérêt, comme sur le premier mobile des hommes;* c'est ainsi qu'il ne craint point de critiquer Necker, et s'expose au courroux de sa fille, véritable puissance alors; c'est ainsi enfin qu'il rend hommage à la divinité, en reconnaissant l'imperfection humaine dans ces paroles qui commencent son testament : « Je demande pardon à Dieu de n'avoir pas rempli exactement mes devoirs religieux; je demande pardon aux hommes de ne leur avoir pas fait tout le bien que je pouvais, et que, par conséquent, je devais leur faire. » Et celui qui traçait ces lignes avait, peu de temps avant, écrit dans sa réponse à madame de Staël : « Depuis l'âge de huit ans, il ne m'est pas arrivé de dire un seul mot que je ne crusse vrai; » et c'est M. de Montyon qui s'accuse de n'avoir pas fait tout le bien qu'il devait faire? La plus belle fin de la plus belle vie, M. de Montyon nous l'offre dans ce langage d'un homme que l'orgueil ne peut atteindre, lorsque l'humanité tout entière doit le révérer et l'honorer.

L'Académie française et l'Académie des Sciences, de concert avec le Conseil général des Hospices de Paris, ont fait ériger un monument à la mémoire de Montyon. L'inscription apprendra à la postérité quelle est l'élévation sublime à laquelle peut atteindre l'homme vertueux. Elle rappellera à jamais son intégrité, sa bienfaisance, sa modestie, aux magistrats, aux riches, aux privilégiés de la fortune : C'est M. de Montyon qui enseignera aux heureux de la terre l'emploi qu'ils doivent faire de leurs biens. Puisse son exemple attendrir tous les cœurs! Imiter M. de Montyon, c'est le seul hommage qui soit digne de sa mémoire et du pays qui peut se glorifier de lui avoir donné naissance.

NEWTON
1642-1727

L'année même de la mort de Galilée, le jour de Noël 1642, Isaac NEWTON naquit, dans le comté de Lincoln, paroisse de Colsterworth, au hameau de Woolsthorpe, où sa famille possédait un petit domaine depuis plus d'un siècle. Son père y était mort peu de mois après son mariage avec Henriette Ayscough, et avant la naissance de son fils. Celui-ci, en venant au monde, était si petit et si faible qu'on ne supposait pas qu'il pût vivre. Sa mère se remaria bientôt ; mais cette nouvelle union ne la détourna point des devoirs qu'elle avait à remplir envers son fils.

Un savant et éloquent académicien, Biot, a donné de très intéressants détails sur l'enfance de Newton. Nous lui avons emprunté une grande partie de cette notice.

Sa mère l'envoya de bonne heure à de petites écoles de village, puis à Grantham, ville la plus voisine de

Woolsthorpe, pour y suivre, à l'âge de douze ans, les leçons d'un maître très instruit dans les langues savantes. Toutefois, son intention n'avait pas été de faire de son fils un érudit : elle ne voulait que lui faire acquérir les premières notions nécessaires à toute personne bien née, et le mettre en état d'administrer lui-même son domaine. Ce fut à cette intention qu'elle le rappela bientôt auprès d'elle; mais le jeune étudiant montra beaucoup de répugnance et très peu d'aptitude pour ce genre d'occupations.

Déjà, pendant son séjour à Grantham, Newton enfant s'était fait remarquer par un goût aussi vif que singulier pour toutes les inventions physiques ou mécaniques. Il était en pension chez un apothicaire nommé Clarke : là, retiré en lui-même, et peu jaloux de la société des autres enfants, il s'était procuré des scies, des marteaux, des outils de toute sorte, de dimensions proportionnées à sa taille; il s'en servait avec tant de dextérité et d'intelligence, qu'il n'y avait pas de machine qu'il ne sût imiter. Il fabriqua ainsi jusqu'à des horloges qui marchaient par l'écoulement de l'eau, et marquaient l'heure avec une régularité remarquable. Un moulin à vent, d'un modèle particulier, nouvellement inventé, ayant été mis en construction près de Grantham, l'enfant n'eut pas de repos qu'il n'eût connu le secret de ce mécanisme. Il alla voir si souvent les ouvriers occupés à cette construction qu'il devina le système, et construisit un moulin du même modèle, lequel tournait aussi, avec cette seule différence que le jeune mécanicien y avait ajouté de son invention, dans l'intérieur, une souris qu'il appelait « *le Meunier,* parce qu'il l'avait disposée de manière qu'elle servît à diriger le moulin, et que d'ailleurs elle mangeait la farine qu'on lui confiait, aussi bien, disait-il, qu'un vrai meunier aurait pu le faire.

Une certaine pratique du dessin lui était nécessaire pour réussir dans ces travaux. L'enfant se mit de lui-même à l'œuvre, y réussit, et bientôt les murs de sa petite chambre furent couverts de dessins de toute espèce, exécutés les uns d'après des modèles, les autres d'après nature. Ces essais de mécaniques, qui supposaient dans son esprit une forte dose d'invention et d'observation, l'occupaient tellement qu'il en négligeait ses études de grammaire ; de sorte qu'à moins qu'il ne fût accidentellement excité et poussé par quelque circonstance particulière, il se laissait ordinairement surpasser par des enfants d'un esprit bien inférieur au sien. Un de ses condisciples lui ayant fait sentir trop durement sa prétendue supériorité, il se mit en tête de s'en affranchir. Dès qu'il le voulut, il parvint en peu de temps à se placer à la tête de tous.

Après avoir laissé se développer ainsi pendant plusieurs années des penchants aussi vifs, sa mère le rappela auprès d'elle à Woolsthorpe, dans la pensé de l'employer à la besogne du ménage et de la ferme : on juge s'il dut éprouver d'heureuses dispositions pour une occupation de ce genre. Plus d'une fois sa mère l'envoya les samedis à Grantham, pour vendre au marché du blé et d'autres denrées, avec mission de rapporter à son retour les provisions nécessaires à la maison. A cause de sa grande jeunesse, elle le faisait accompagner par un vieux serviteur de confiance, qui devait lui montrer à vendre et à acheter. Or, dans ces cas-là, dès que le jeune Newton était arrivé à la ville, il n'était pas plus tôt descendu de cheval, qu'il laissait à son vieux serviteur toute la conduite de la besogne, et allait s'enfermer dans la petite chambre où il avait coutume de loger, chez l'apothicaire, son ancien hôte; et là, il restait à lire quelque vieux livre, jusqu'à ce qu'il fût l'heure de repartir. D'autres fois, il ne se donnait pas le temps d'aller jusqu'à la ville, mais s'arrêtait en chemin au pied de quelque haie et y demeurait à étudier jusqu'à ce que son homme vînt le reprendre à son retour. Avec cette passion pour l'étude, on conçoit bien quelle extrême répugnance pour les travaux de la campagne il devait éprouver. Aussi, dès qu'il pouvait s'y dérober, son bonheur était d'aller s'asseoir sous quelque arbre avec un livre, ou de tailler avec son couteau des modèles en bois des mécaniques qu'il avait vues. On montre encore à Woolsthorpe un petit cadran solaire, construit sur la muraille de la maison qu'il habitait. Il donne sur le jardin et il est placé à la hauteur qu'un enfant peut atteindre. J'ai vu moi-même, dit M. Biot, non sans respect, ce petit monument de l'enfance d'un si grand homme.

Cette passion irrésistible qui entraînait le jeune Newton à l'étude des sciences eut enfin raison des obstacles que les habitudes et la prudence de sa mère lui opposaient. Un de ses oncles l'ayant trouvé un jour sous une haie, un livre à la main et plongé dans ses réflexions, lui prit le livre et reconnut qu'il était occupé à résoudre un problème de mathématiques. Frappé de voir un penchant à la fois si austère et si vif dans un si jeune âge, il détermina sa mère à ne pas le contrarier davantage, et à le renvoyer à Grantham pour continuer ses études. Il y demeura ainsi jusqu'à dix-huit ans. De là il passa à l'Université de Cambridge, où il fut admis, en 1660, au collége de la Trinité.

Depuis son entrée à Cambridge, la marche de ses progrès et le développement de ses pensées, si intéressants à consulter pour l'histoire de l'esprit humain, se trouvent heureusement décrits par lui-même ou constatés par des monuments scientifiques qui permettent d'en suivre la trace. C'est à ces sources que doivent remonter ceux qui veulent connaître d'une manière approfondie toute l'importance des découvertes qui ont fait appeler Newton le créateur de la philosophie naturelle. Nous ne pouvons en présenter ici qu'un aperçu rapide.

Ses premières découvertes furent relatives aux mathématiques. L'étude des ouvrages du docteur Wallis le conduisit à trouver la formule aujourd'hui si célèbre et si continuellement en usage sous le titre de *Binôme de Newton;* et non seulement il la trouva, mais il sentit parfaitement qu'il n'y avait presque aucune recherche analytique dans laquelle elle ne fût nécessaire ou du moins applicable. Bientôt il posa les fondements de la *Méthode des Fluxions,* que, onze ans après, Leibnitz inventa de nouveau et présenta sous une autre forme, celle du calcul différentiel. Newton avait fait ces découvertes et beaucoup d'autres avant l'année 1665, c'est-à-dire lorsqu'il n'avait pas encore vingt-trois ans. Il les avait rédigées et rassemblées dans un écrit intitulé : *Analisis per æquationes numero terminerum infinitas;* mais il ne le publia point.

A cette époque (1665), il quitta Cambridge pour fuir une épidémie qui y sévissait, et se retira dans son domaine de Woolsthorpe. Assis un jour sous un pommier resté célèbre, une pomme tomba devant lui ; et ce hasard, réveillant peut-être dans son esprit les idées de mouvements accélérés et uniformes dont il venait de faire usage dans sa méthode des *Fluxions*, il se mit à réfléchir sur la nature de ce singulier pouvoir qui sollicite les corps vers le centre de la terre, qui les y précipite avec une vitesse continuellement accélérée, et qui s'exerce encore sans éprouver aucun affaiblissement appréciable sur les plus hautes tours et au sommet des montagnes les plus élevées. Aussitôt une nouvelle idée s'offrit à son esprit comme un trait de lumière : « Pourquoi, se demanda-t-il, ce pouvoir ne s'étendait-il pas jusqu'à la lune même ; et alors que faudrait-il de plus pour la retenir dans son orbite autour de la terre ? » Ce n'était là qu'une conjecture ; mais quelle hardiesse de pensée ? C'est ainsi que Newton trouva son fameux système de la *Gravitation universelle*.

L'épidémie ayant cessé, Newton revint à Cambridge (1666), mais sans s'ouvrir de ses secrets à personne, pas même au docteur Barrow son maître. Avant l'apparition de l'épidémie, le hasard l'avait amené à faire quelques expériences sur la réfraction de la lumière à travers des prismes. Ces expériences, qu'il avait d'abord tentées comme un amusement et par un simple attrait de curiosité, l'avaient bientôt conduit à tirer des conséquences importantes. Mais, lorsqu'il fut forcé de se réfugier à la campagne, séparé de ses instruments et privé du moyens de poursuivre ses expériences, il avait porté son activité sur d'autres objets. Plus de deux années s'écoulèrent avant qu'il pût reprendre le cours de ses recherches; mais il y fut naturellement ramené lorsqu'il se vit sur le point d'être chargé de professer à Cambridge l'optique à la place de Barrow, qui résigna sa chaire (1669) en sa faveur. Cherchant alors à compléter les premiers résultats obtenus, il fut conduit à une foule d'observations, non moins admirables par leur nouveauté et leur importance que par la sagacité, l'adresse et la méthode avec laquelle il sut les imaginer, les exécuter et les enchaîner les unes aux autres. Il en composa un corps complet de doctrine, où les propriétés fondamentales de la lumière étaient révélées, établies et classées d'après l'expérience pure, sans aucun mélange d'hypothèse; nouveauté alors aussi surprenante et aussi inouïe que ces propriétés elles-mêmes. Ce fut le sujet du cours qu'il commença à professer à Cambridge, en 1667, à l'âge de vingt-sept ans.

Ainsi, d'après ce que nous venons de dire de la succession de ses idées, on voit que la méthode des Fluxions, la théorie de la Gravitation universelle, et la décomposition de la lumière, c'est-à-dire les trois grandes découvertes dont le développement a fait la gloire de sa vie, étaient nées dans son esprit avant qu'il eût atteint sa vingt-quatrième année.

En 1679, Newton s'occupa de la théorie de la gravitation. Les recherches auxquelles il se livra alors confirmèrent et complétèrent ses premières découvertes sur le système du monde. Toutefois il lui restait encore à expliquer quelques difficultés relatives au mouvement de la lune; mais il ne tarda pas à en trouver la solution entière. Vers le mois de juin 1682, il se trouvait à Londres à une séance de la Société Royale dont il avait été reçu membre en 1672. On vint à parler de la mesure d'un degré terrestre récemment exécutée en France par Picard; et l'on prodigua les éloges de la méthode rigoureuse qu'il avait employée pour rendre exacte les détermination, aussitôt en possession du chiffre exact de la longueur du degré ainsi déterminé. Newton revint chez lui; et, reprenant son premier calcul de 1665, il se mit à le refaire sur ces nouvelles données. A mesure qu'il avançait, il se trouva tellement ému qu'il ne put continuer son calcul, et pria un de ses amis de l'achever. Trouver la masse relative des différentes planètes, déterminer les rapports des axes de la terre, montrer la cause de la précession des équinoxes, trouver la force du soleil et de la lune pour soulever l'Océan : telles étaient les questions sublimes dont la solution s'offrit aux méditations de Newton, aussitôt qu'il eût connu la loi fondamentale du système du monde! Doit-on s'étonner s'il en fut ému jusqu'à ne pas achever la démonstration qui lui en donnait la certitude!

Pendant les deux années que ce grand homme employa à préparer et développer l'immortel ouvrage des *Principes de la philosophie naturelle,* où tant de découvertes admirables sont exposées, il ne vécut que pour calculer et penser. On rappporte qu'il lui arriva plusieurs fois, en se levant le matin, de s'asseoir tout à coup sur son lit, absorbé par quelque pensée, et de demeurer ainsi, à moitié nu, pendant des heures entières, suivant toujours l'idée qui occupait son esprit. Il aurait même oublié de prendre ses repas si on ne l'en eût fait souvenir. Un jour le docteur Stukeley, ami particulier de Newton, était venu pour dîner avec lui; il attendit longtemps qu'il sortît de son cabinet où il était renfermé. Enfin, ne voyant rien venir, le docteur se décida à attaquer un poulet qui était sur la table. Après avoir satisfait son appétit, il réunit les restes sur le plat, et le mit sous une cloche de métal qui servait à le couvrir. Plusieur heures s'écoulèrent; Newton parut enfin et se mit à table, disant avoir grand'faim. Mais lorsqu'il eut soulevé la cloche et vu les restes du poulet découpé : « Ah! dit-il, je croyais n'avoir pas dîné; mais je vois que je me trompais! »

Le traité des *Principes* parut complet en 1678. Parmi les contemporains de Newton, trois ou quatre peut-être étaient capables de le comprendre!

La chimie avait toujours eu pour Newton un attrait des plus vifs. Depuis le temps où, encore enfant, il résidait chez l'apothicaire de Grantham jusqu'à son séjour à Cambridge, il n'avait cessé de s'en occuper. Il s'était constitué un petit laboratoire approprié à ce genre de travaux, et il paraît que, dans les années qui suivirent la publication du livre des Principes, il s'y était adonné presque exclusivement. Mais un accident fatal lui ravit en un instant le bruit de ses découvertes, et en priva les sciences pour toujours. Newton avait un petit chien nommé Diamant, auquel il était fort attaché. Etant un soir, pour quelque affaire pressée, appelé hors de son cabinet dans l'appartement voisin, il laissa par mégarde Diamant enfermé derrière lui. Quand il revint quelques minutes après, le petit chien avait renversé sur son bureau une bougie allumée, et le feu avait pris aux papiers où il avait consigné ses expériences ; il trouva devant lui le travail de tant d'années anéanti et réduit en cendres. On raconte que, dans le premier saisissement d'une si grande perte, il se contenta de dire : « Oh ! Diamant, Diamant, tu ne sais pas le tort que tu m'as fait ! » Mais la douleur qu'il en ressentit, et que la réflexion dut rendre plus vive encore, altéra sa santé ; elle alla même, dit-on, jusqu'à troubler momentanément cette puissante intelligence.

Grâce à cet ensemble de connaissances tant théoriques qu'expérimentales, on peut comprendre de quelle utilité Newton dut être dans la grande opération de la refonte des monnaies, à laquelle il avait été appelé à collaborer. Aussi, au bout de trois ans, en fut-il récompensé par la charge de Directeur de la Monnaie, qui lui fut conférée en 1699, et lui assura annuellement un revenu considérable. Jusqu'alors sa situation de fortune avait été plus que médiocre, relativement à ses besoins de famille. On voit dans l'Histoire de la Société Royale, qu'en 1674, il s'était trouvé dans la nécessité de demander à être dispensé de la contribution annuelle que devait payer chacun des membres. Il se montra digne de sa nouvelle fortune par l'usage qu'il en fit. A cette époque, tous les nuages dont l'esprit de rivalité avait voulu obscurcir sa gloire étaient dissipés. De toutes parts, de justes hommages étaient rendus à un mérite si rare. En 1699, l'Académie des Sciences de Paris, qui venait de recevoir une organisation nouvelle, lui permettant d'admettre dans son sein quelques associés étrangers, s'empressa d'assurer à ce petit groupe une notoriété plus honorable en y plaçant Newton.

Au milieu de si multiples occupations, on conçoit facilement qu'il ne se soit jamais marié. Comme dit Fontenelle, il n'eut jamais le loisir d'y penser. Une nièce qu'il avait mariée, et qui vivait chez lui avec son mari, lui tenait lieu d'enfant et en avait pour lui tous les soins. Avec les émoluments de sa charge, un patrimoine sagement administré, et surtout la simplicité de ses goûts et de sa manière de vivre, il se trouvait riche, et savait user de cet avantage pour faire beaucoup de bien. Il ne croyait pas, a dit encore Fontenelle, que *donner après soi, ce fût donner.* Aussi ne laissa-t-il point de testament; et ce fut toujours aux dépens de sa fortune présente qu'il fut généreux envers ses parents ou envers ceux de ses amis qu'il savait être dans le besoin.

Dans les dix dernières années de sa vie, Newton cessa entièrement de s'occuper de mathématiques. Si l'on venait à le consulter sur quelque endroit de ses ouvrages : « Adressez-vous à M. Moivre, répondait-il; il sait cela mieux que moi. » Et alors, quand les amis qui l'entouraient lui témoignaient la juste admiration si universellement excitée par ses découvertes : « Je ne sais, disait-il, ce que le monde pensera de mes travaux; mais, pour moi, il me semble que je n'ai pas été autre chose qu'un enfant jouant sur le bord de la mer, et trouvant tantôt un caillou un peu plus poli, tantôt une coquille un peu plus agréablement variée qu'une autre, tandis que le grand océan de la vérité s'étendait inexploré devant moi. »

Newton avait une figure plutôt calme qu'expressive, et un air plutôt languissant qu'animé. Sa santé se soutint toujours bonne et égale jusqu'à l'âge de quatre-vingts ans. Il fut alors obligé de se reposer de ses fonctions à la Monnaie sur le mari de sa nièce, à qui il fut ainsi utile, même au-delà du tombeau.

« Newton, dit Fontenelle, ne souffrit beaucoup que dans les vingt derniers jours de sa vie. On jugea sûrement qu'il avait la pierre et qu'il n'en pouvait revenir. Dans des accès de douleur si violents que les gouttes de sueur lui baignaient le visage, il ne poussa jamais un cri, ni ne donna aucun signe d'impatience; et, dès qu'il avait quelques moments de relâche, il souriait et parlait avec sa gaîté ordinaire. Jusque-là il avait toujours lu ou écrit plusieurs heures par jour. Il lut les gazettes le samedi 18 mars au matin, et parla longtemps avec le docteur Mead, médecin célèbre. Il possédait parfaitement tous ses sens et tout son esprit; mais, le soir, il perdit absolument la connaissance, et ne la reprit plus, comme si les facultés de son âme n'avaient été sujettes qu'à s'éteindre totalement, et non pas à s'affaiblir. Il mourut le lundi suivant (20 mars 1727), âgé de quatre-vingt-cinq ans. Son corps, après avoir été exposé sur un lit de parade, fut porté avec grande pompe à l'abbaye de Westminster, et inhumé dans le chœur. »

L'épitaphe gravée sur son tombeau se termine par ces paroles qui ne sont que vraies en parlant de ce puissant génie : « Que les mortels se glorifient de ce qu'il a existé un homme qui a fait tant d'honneur à l'humanité ! »

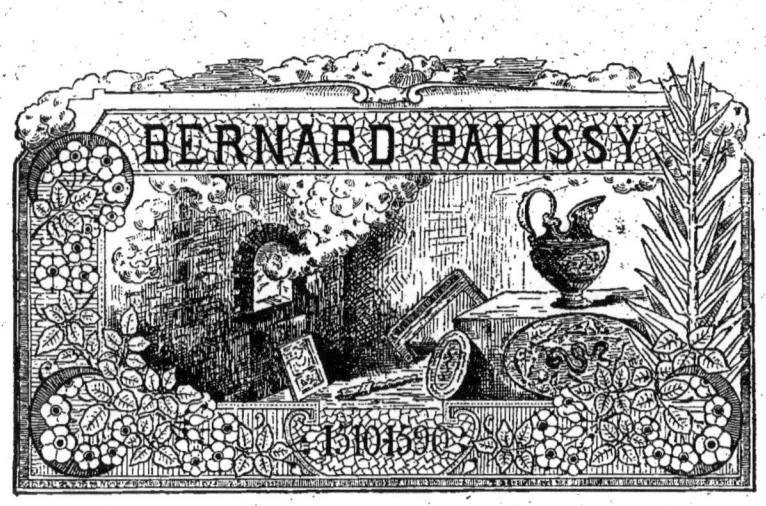

BERNARD PALISSY
1510-1590

Bernard PALISSY, né vers 1510, nous apprend lui-même qu'il vint au monde dans le diocèse d'Agen. Il résulte des recherches faites par M. de Saint-Amans, que ce grand homme naquit près de Biron, village du département de la Dordogne, aux environs de Monpazier. Ses parents, malgré leur pauvreté, lui firent apprendre à lire et à écrire, ce qui était beaucoup pour ce temps-là. Un arpenteur, venu dans le pays pour en lever le plan et établir le terrier (ce que nous appelons aujourd'hui le cadastre), frappé de l'intelligence de cet enfant et de l'attention toute particulière qu'il mettait à suivre ses travaux, obtint de sa famille de l'emmener avec lui à Monpazier pour lui enseigner gratuitement son état. Bernard fit de rapides progrès dans la géométrie pratique ; et, s'il faut en croire quelques mots jetés au hasard dans ses ouvrages, il était souvent chargé par les tribunaux de dresser le plan des lieux dont on avait besoin pour le jugement des procès. Outre cela, comme il avait appris tout seul à peindre, il s'occupait de peinture sur verre, et il vivait ainsi dans une honnête aisance, recueillant mille notions d'histoire naturelle, dans les voyages auxquels sa place d'arpenteur-juré l'obligeait. On l'appelait aussi de toutes parts pour orner les églises et les châteaux. Il voyagea de la sorte dans toute la France, et étendit ses courses depuis les Pyrénées jusqu'au Rhin, depuis les côtes que baigne l'Océan jusque dans le pays de Clèves. Il s'occupait d'architecture et de la recherche des terres les plus propres à faire de belle poterie : il aimait à visiter les laboratoires de chimie et à se mettre au courant des procédés industriels alors en usage. Mais c'est la nature et ses merveilles qu'il s'attachait surtout à étudier. « Ne sachant ni grec ni latin, dit-il, n'estant ny grammairien, je n'ay point eu d'autre livre que le ciel et la terre, lequel est connu de tous, et est donné à tous de connoître et lire ce beau livre. » — « Au surplus, » ajoute-t-il dans son style, qui rappelle souvent celui de Montaigne, « je me donnois garde de ennuyer mon esprit de sciences faictes aux cabinets par une théorique imaginatique ou crochetée de quelque livre escrit par imagination de ceux qui n'ont rien pratiqué, et me donnois garde de croire les opinions de ceux qui disent et soustiennent que la théorique a engendré la pratique. »

En 1539, Bernard était venu s'établir à Saintes, où il se maria. Un jour, le hasard fit tomber entre ses mains une coupe de terre émaillée d'un si beau travail, que dès ce moment, selon ses propres paroles, il entra « en dispute avec sa pensée », voulant absolument faire des vases dans le genre de celui qu'il avait vu. L'inspiration était venue : l'artiste s'était révélé.

Il commença par visiter les ateliers de Limoges, où, dès le douzième siècle, on possédait l'art d'employer les enduits de verre coloré en blanc et en noir. En étudiant les procédés mis en usage, en les pratiquant, il entrevit la possibilité de faire mieux. De retour dans sa famille, il commence par broyer mille drogues qu'il met sur des pots de terre et qu'il fait cuire à sa fantaisie, dans des fourneaux construits par lui-même; il essaie toutes les substances qui peuvent supporter au feu une température convenable, fournir des émaux épais et opaques, et conserver aux couleurs un éclat toujours égal. Son but était de trouver l'art de nuancer les teintes, de faire sentir toute la dégradation de la lumière et des ombres, et de peindre sur ses poteries perfectionnées les ornements arabesques apportés d'Italie, en 1540, par Primatizzio, et Del Rosso, plus connu en France sous le nom de *Maistre Roux*.

Mais les heureuses découvertes ne se font pas facilement; on pense bien que Palissy, marchant ainsi au hasard et sans guide, ne tarda pas à s'égarer. « Or, m'étant ainsi abusé plusieurs fois, avec grands frais et labeurs, j'étois tous les jours à piler et broyer nouvelles matières et construire nouveaux fourneaux, avec grandes dépenses d'argent et consommation de bois et de temps. » Il reconnut à la fin que cette manière de procéder était mauvaise, et il envoya ses pièces d'essais à des potiers qui consentirent à les mettre dans leurs fourneaux; mais ils les retiraient si mal réussies, qu'ils s'en moquaient en présence même de Bernard. « Ainsi fis-je, dit-il, par plusieurs fois, toujours avec grands frais, perte de temps, confusion et tristesse. » Lassé de se livrer depuis dix ou douze ans à ses désespérantes et ruineuses tentatives, il y renonça pour quelque temps, et reprit son métier de peintre verrier et de géomètre. On le chargea vers cette époque de lever les plans des marais salins de la Saintonge; mais, aussitôt qu'il eut achevé ce travail et qu'il se trouva pourvu d'un peu d'argent, sa passion pour l'émail le reprit de plus belle; et, voyant qu'il n'avait pu rien faire dans ses fourneaux, ni dans ceux des potiers, il envoya de nouveaux essais dans une verrerie. Il s'aperçut, en les retirant, qu'une partie de ses compositions avait enfin commencé à fondre. Déjà il avait deviné qu'il atteindrait le but : il lui fallait mieux pour être content, et, pendant deux années encore, il ne cessa de faire de nouvelles tentatives toujours infructueuses.

Que de courage et de persévérance pendant ces deux années! C'est dans son *Traité de l'Art de Terre* qu'il faut voir tous les tourments et la fermeté d'âme de ce rare génie : le livre de Bernard est écrit avec une simplicité si touchante, si éloquente, qu'il y aurait faute à ne pas le copier textuellement. « Dieu voulut qu'ainsi que je commençois à perdre courage, et que, pour le dernier coup, je m'étois transporté à une verrerie, ayant un homme avec moi chargé de plus de trois cents sortes d'épreuves (plus de trois cents sortes d'épreuves!) il se trouva une desdites épreuves qui fut fondue dedans quatre heures, laquelle épreuve se trouva blanche et polie; de sorte qu'elle me causa une telle joie que je pensai être devenu nouvelle créature, et pensai dès lors avoir une perfection entière de l'émail blanc. Mais cette épreuve étoit fort heureuse d'une part, et bien malheureuse d'une autre : heureuse, en ce qu'elle me donna entrée à ce que je suis parvenu ; malheureuse, en ce qu'elle n'étoit mise en dose ou mesure requise. Je fus si grande bête en ces jour-là, que soudain que j'eus fait ledit blanc, qui étoit singulièrement beau, je me mis à faire des vaisseaux de terre. Combien que je n'eusse jamais connu terre, et ayant employé l'espace de sept à huit mois à faire les dits vaisseaux, je me pris à ériger un fourneau semblable à ceux des verreries, lequel je bâtis avec un labeur indicible, car il falloit que je maçonnasse tout seul, que je détrempasse mon mortier; que je tirasse l'eau pour la détrempe d'icelui : aussi me falloit moi-même aller quérir la brique sur mon dos, à cause que je n'avois nul moyen d'entretenir un homme pour m'aider en cette affaire. Je fis cuire mes vaisseaux en première cuisson ; mais quand ce fut à la seconde cuisson, je reçus des tristesses et labeurs tels que nul homme ne voudroit croire : car, combien que je fusse six jours et six nuits devant mon fourneau, sans cesser de brûler bois par les deux gueules, il me fut impossible de pouvoir fondre l'émail, et étois comme un homme désespéré ; et, combien que je fusse tout étourdi du travail, je m'avisai que dans mon émail il y avoit trop peu de la matière qui faisoit fondre les autres. Ce que voyant, je me pris à piler et broyer de ladite matière, sans toutefois laisser refroidir mon fourneau. Par ainsi, j'avois double peine : piler, broyer, et chauffer ledit fourneau. Quand j'eus ainsi composé mon émail, je fus contraint d'aller encore acheter des pots, d'autant que j'avois perdu tous les vaisseaux que j'avois faits ; et, ayant couvert lesdites pièces dudit émail, je les mis dans le fourneau, continuant toujours le feu en sa grandeur. Mais sur cela il me survint un autre malheur, lequel me donna grande fâcherie : qui est que le bois m'ayant failli, je fus contraint brûler les étais qui soutenoient les treilles de mon jardin, lesquels étant brûlés, je fus contraint brûler les tables et planchers de la maison, afin de faire fondre la seconde composition. » Voyez-vous

le grand artiste, brûlant jusqu'aux meubles du logis pour faire fondre son émail ! Après les pieux des treillages, les chaises ; après les chaises, les tables ; après les tables, les portes ; après les portes, le plancher. En vérité, ce mouvement de passion est sublime !

Hélas ! les plus terribles épreuves lui étaient réservées ! « J'étois en une telle angoisse que je ne saurois dire, car j'étois tout tari et desséché à cause de la chaleur du fourneau. Il y avoit plus d'un mois que ma chemise n'avoit séché sur moi ; encore pour me consoler on se moquoit de moi, et même ceux qui devoient me secourir alloient crier par la ville que je faisois brûler le plancher : et par tel moyen on me faisoit perdre mon crédit, et m'estimoit-on être fol. »

N'est-ce pas là le sort qui attend tous les hommes de cette trempe vigoureuse? S'ils réussissent, on admire la puissance de leur génie, on dit que le courage et le mérite triomphent de tous les obstacles; mais s'ils échouent, s'ils meurent inconnus, pauvres, dans quelque coin obscur, les indifférents qui les approchent disent qu'ils ont mérité leur sort, et on les appelle fous; heureux encore quand on ne se moque pas d'eux comme du pauvre Bernard! A lui, par bonheur, le ciel avait donné assez de force pour ne pas être écrasé par cette nouvelle défaite.

Ecoutez-le : « Quand je me fus reposé un peu de temps avec regret que nul n'avoit pitié de moi, je dis à mon âme : Qu'est-ce qui te triste, puisque tu as trouvé ce que tu cherchois? Travaille à présent, et tu rendras honteux tes détracteurs; mais mon esprit disoit d'autre part : Tu n'as rien de quoi poursuivre ton affaire, comment pourrais-tu nourrir ta famille et achever les choses requises pour passer le temps de quatre ou cinq mois qu'il faut auparavant que tu puisses jouir de ton labeur? Or, ainsi que j'étois en tel débat d'esprit, l'espérance me donna un peu de courage, et, ayant considéré que je crois beaucoup long pour faire une fournée toute de ma main ; pour plus soudain faire apparoître le secret que j'avois trouvé dudit émail, je pris un potier commun et lui donnai certains pourtraits pour qu'il me fît des vaisseaux selon mon ordonnance. Mais c'étoit une chose pitoyable, car j'étois contraint nourrir ledit potier en une taverne à crédit, parce que je n'avois nul moyen en ma maison. Quand nous eûmes travaillé l'espace de six mois et qu'il falloit cuire la besogne faite, il fallut faire un fourneau et donner congé au potier, auquel, par faute d'argent, je fus contraint donner de mes vêtements pour son salaire. »

Notre pauvre artiste passe encore par mille peines indicibles avant d'arriver à cette fournée : il est obligé de tout faire lui-même; il a les mains coupées et incisées en tant d'endroits, qu'il mange son potage « ayant les doigts enveloppés de drapeaux. » Il broie ses matières d'émail, sans aide, à un moulin à bras qu'il fallait ordinairement deux hommes vigoureux pour manœuvrer. La passion domine tellement le corps qu'il trouve en lui des forces surnaturelles. Enfin il met le feu; mais « quand je à tirer mon œuvre, dit-il, mes douleurs furent augmentées si abondamment que je perdois toute contenance. Car, combien que mes émaux fussent bons et ma besogne bonne, néanmoins deux accidents étoient survenus à ladite fournée, lesquels avoient tout gâté; et afin que tu t'en donnes de garde, je te dirai quels ils sont. Aussi, après cela je t'en dirai un nombre d'autres, afin que mon malheur te serve de bonheur, et que ma perte te serve de gain. » Quel noble cœur!

Le mortier dont il avait maçonné son four était plein de cailloux qui, sous l'action du feu, crevèrent en éclats et s'attachèrent aux pièces en cuisson. Tout est encore perdu!... Alors le cœur se serre à voir cet homme écrasé sous le désespoir! « Je fus si marri que je ne saurois te dire ; et, non sans cause, car ma fournée me coûtoit plus de six vings écus (environ 12 à 1,300 francs de notre monnaie). J'avois emprunté le bois et les matières, et si avois emprunté partie de ma nourriture. J'avois tenu en espérance mes créditeurs qu'ils seroient payés de l'argent qui proviendroit des pièces de ladite fournée : qui fut cause que plusieurs accoururent dès le matin quand je commençois à désenfourner. Dont par ce moyen furent redoublées mes tristesses, d'autant qu'en tirant ladite besogne je ne recevois que honte et confusion, car toutes mes pièces étoient semées de petits morceaux de cailloux qui étoient si bien attachés autour desdits vaisseaux que, quand on passoit les mains par-dessus, ils coupoient comme rasoirs ; et combien que la besogne fût par ce moyen perdue, toutefois aucuns en vouloient acheter à vil prix ; mais, parce que ce eût été un décriement et un rabaissement de mon honneur, je mis en pièces entièrement le total de ladite fournée, et me couchai de mélancolie, car je n'avois plus moyen de subvenir à ma famille. Je n'avois en ma maison que reproches. Au lieu de me consoler, on me donnoit des malédictions. Mes voisins, qui avoient entendu cette affaire, disoient que je n'étois qu'un fol, et que j'eusse eu plus de huit francs de la besogne que j'avois, rompüe, et étoient toutes ces nouvelles jointes avec mes douleurs. »

Ainsi, le grand artiste, malgré les cris de ceux qui l'entourent, quoiqu'il n'ait plus de pain ni pour lui ni pour sa famille, brise ce qu'il a fait, plutôt que de livrer à vil prix des pièces qui serviraient de rabaissement à son honneur !

Bernard lutta encore longtemps contre les obstacles, les déceptions, contre tous les malheurs, avec cette brûlante ardeur qui anime les hommes voués à la poursuite d'une grande découverte. Rien ne le rebutait. « Auparavant que j'aie eu rendu mes émaux fusibles à un même degré de feu, j'ai cuidé entrer jusqu'à la porte du sépulcre. Aussi, en travaillant à telles affaires, je me suis trouvé l'espace de plus de dix ans si fort écoulé en ma personne qu'il n'y avoit aucune forme ni apparence de bosses ni aux bras ni aux jambes. Je m'allois souvent pourmener dans la prairie de Xaintes, en considérant mes misères et ennuis, et sur toutes choses de ce qu'en ma maison même je ne pouvois avoir nulle patience ni faire rien qui fût trouvé bon; toutefois l'espérance que j'avois me faisoit procéder en mon affaire si virilement que plusieurs fois, pour entretenir les personnes qui me venoient voir, je faisois mes efforts de rire combien que intérieurement je fusse bien triste. »

Quinze années ainsi passées au sein de cette affreuse misère avec de pareils tourments ! Et comme cela est raconté ! Mais, pour que le tableau soit complet, empruntons encore quelques lignes au récit de Bernard. « Je poursuivois mon affaire de telle sorte que je recevois beaucoup d'argent d'une partie de ma besogne qui se portoit bien. Mais il me survint une autre affliction conquatenée avec les susdites : qui est que la chaleur, la gelée, les vents, pluies et gouttières, me gâtoient la plus grande partie de mon œuvre auparavant qu'elle fût cuite; tellement qu'il me fallut emprunter charpenterie, lattes, tuile et clous pour m'accommoder. J'ai été plusieurs années que, n'ayant rien de quoi faire couvrir mes fourneaux, j'étois toutes nuits à la merci du temps, sans avoir aucun secours, aide ni consolations, sinon des chats-huants qui chantoient d'un côté, et des chiens qui hurloient de l'autre. Parfois il se levoit des vents et tempêtes qui souffloient de telle sorte le dessus et le dessous de mes fourneaux que j'étois contraint quitter là tout avec perte de mon labeur, et me suis trouvé plusieurs fois qu'ayant tout quitté, n'ayant rien de sec sur moi à cause des pluies qui étoient tombées, je m'en allois coucher à la minuit ou au point du jour, accoutré de telle sorte comme un homme ivre que l'on auroit traîné par tous les bourbiers de la ville; et, en m'en allant ainsi retirer, j'allois bricolant sans chandelle et rempli de grandes tristesses, d'autant qu'après avoir longuement travaillé, je voyois mon labeur perdu. Or, en me retirant ainsi souillé et trempé, je trouvois en ma chambre une persécution pire que la première, qui me fait à présent émerveiller que ne sois consumé de chagrin. »

« Et qu'on ne s'y trompe pas, dit M. Schœlcher, dans un article remarquable, auquel nous avons beaucoup emprunté : Palissy ne s'est point exposé à ces tribulations effroyables pour la vaine satisfaction d'une idée futile; tant d'énergie n'a pas été employée pour une folle difficulté vaincue. L'émail qu'il recherche, c'est un bien inconnu dont il a gratifié sa patrie, une industrie qui a rendu les autres nations longtemps tributaires de nos fabriques en ce genre. Il n'y a pas seulement à l'admirer pour la portée d'intelligence que la découverte suppose, il y a aussi à l'honorer pour l'utilité de la découverte. C'est à Bernard

Palissy, en un mot, que l'on doit la faïence et par suite la porcelaine françaises. Nous pouvons le nommer le père de nos arts céramiques, comme il fut déjà appelé le père de notre chimie. Le modèle de ses derniers fours, avec quatre bouches à feu, est encore celui dont on se sert aujourd'hui. Les lanternes de terre ou gazettes dans lesquelles on enveloppe la porcelaine pour la préserver, durant la cuisson, de la flamme et des cendres, c'est lui qui les a inventées. Toutes les couleurs de la faïence, c'est lui qui en a trouvé les formules et qui a déterminé les doses des diverses matières fusibles au même degré; et il n'y avait rien avant lui qui pût lui servir de guide, d'échelle, de conseil à cet égard. Il fallait tout créer pour réaliser une pensée qui n'avait nulle part d'antécédent! — Sans doute, un pot de faïence coloré est de nos jours une chose bien commune, bien ordinaire; mais celui qui le premier songea à le faire, celui qui le fit sans en avoir jamais vu d'autres, était doué certainement d'une grande et belle faculté de conception. — Au reste, le degré de perfection auquel Palissy avait amené son art n'a jamais été ni surpassé, ni même égalé. Une des plus précieuses richesses du Musée, la grande armoire toute remplie de plats, de salières, de soupières, que l'on appelle, à la faveur d'un petit anachronisme, la vaisselle de François Ier, nous la devons à Bernard. Ces pièces d'une forme élégante, gracieuse, originale, d'une couleur si riche, si finement nuancée, elles sont de sa manufacture. Il faut bien avouer que, même en porcelaine, nous n'avons rien fait qui se puisse comparer au grand goût, à la belle ordonnance, non plus qu'à la parfaite fabrication de tout cela. — Palissy était en même temps un sculpteur du plus grand mérite. »

Bernard vit son triomphe avec autant de calme qu'il avait employé de courage à poursuivre ses recherches. Une fois que ses poteries eurent le degré de perfection qu'il voulait leur donner, elles se répandirent

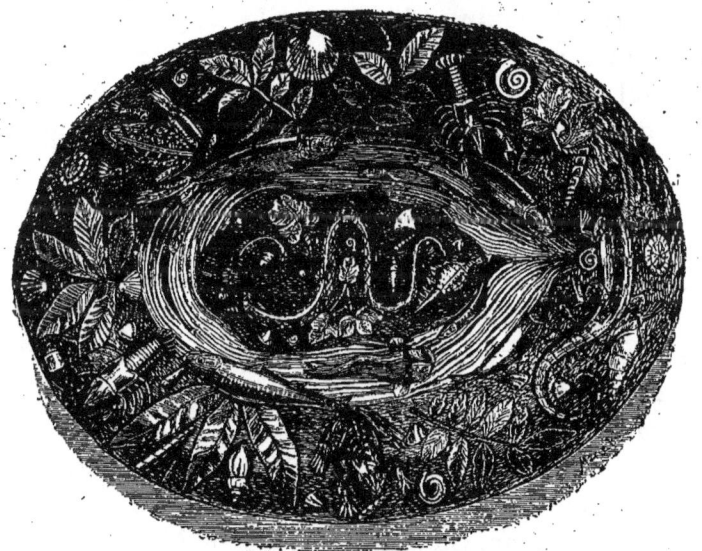

bientôt par toute la France, et se vendirent avec le plus grand succès. Henri II et, à son exemple, les plus grands seigneurs, s'empressèrent de lui demander des vases et des figures pour l'ornement de leurs jardins ; le connétable de Montmorency l'employa à la décoration du château d'Ecouen, où naguère les amis des arts admiraient encore plusieurs de ses ouvrages. « Je n'étois plus lors, dit-il, ce pauvre fol opiniâtre qui devoit aller par les rues tout baissé, qui ne recevoit que honte et confusion : un chacun me lèche et coupe broche à toutes calomnies et embûches, accompagnées d'un millier d'angoisses, que j'ai endurées auparavant que de parvenir à mon dessein. »

Palissy avait embrassé les principes de la réforme; quand les lois défendirent aux protestants l'exercice public de leur culte, il s'associa avec d'autres artisans pour former une église où chacun d'eux expliquait, à son tour, les maximes de l'Evangile. Le parlement de Bordeaux ayant ordonné, en 1562, l'exécution du nouvel édit contre les protestants, le duc de Larochefoucauld, général des troupes envoyées en Saintonge, décréta que son atelier serait un lieu de franchise. Le duc de Montpensier, gouverneur de la province, lui donna en outre une sauvegarde; mais, malgré toutes ces protections, il fut arrêté, et son atelier détruit par ordre des juges de Saintes. Aussitôt que le connétable de Montmorency apprit l'affaire, il présenta un placet à Catherine de Médicis, et obtint un ordre du roi pour lui sauver la vie.

On suppose que c'est à cet évènement que Bernard dut le brevet « d'inventeur des *Rustiques Figulines* du roi, de Madame la Reine-Mère, et de Monseigneur le connétable de Montmorency. » C'était un moyen de le soustraire à la juridiction de Saintes et du parlement de Bordeaux. Quoi qu'il en soit, il fut appelé à Paris et logé aux Tuileries, qui étaient alors une dépendance du Louvre. Ce fut là qu'il commença à former son cabinet d'histoire naturelle, le premier qu'ait possédé la France. Palissy en avait disposé toutes les parties d'après une méthode si simple et si conforme aux principes de la nature, qu'il est étonnant qu'on ne l'ait pas imité. Cet homme admirable éprouva le généreux besoin de partager avec ses semblables, les trésors de science qu'il avait amassés. Il ouvrit en 1575, un cours d'histoire naturelle et de physique; le premier en France il substitua, dans l'enseignement de cette science, aux vaines explications des anciens philosophes des faits positifs et des démonstrations rigoureuses. Les hommes les plus instruits s'empressèrent d'assister à ses leçons, qu'il continua jusqu'en 1584. Ce fut alors qu'il donna les premières notions de l'origine des fontaines, de la formation des pierres et de celle des coquilles fossiles, que les physiciens de ce temps-là regardaient comme un simple jeu de la nature, et qu'il démontra être de véritables coquilles déposées par la mer; personne, avant et depuis lui, n'a mieux fait connaître l'utilité de la marne pour l'agriculture. En parlant des eaux, des moyens de les assainir et de les élever, de leur action sur tous les êtres vivants, et du rôle qu'elles remplissent dans les phénomènes de la nature, tout ce qu'il avançait a reçu le dernier degré d'évidence par la marche progressive de la physique, la découverte des filtres à charbon et des puits artésiens. Ainsi, par le fait, Palissy fut le premier à ouvrir ces cours publics qui se font, de nos jours, avec tant d'éclat et d'utilité.

Bernard Palissy ne fut pas seulement un rare génie : ce fut encore un homme excellemment bon. Selon lui, le talent que la nature a donné à ses privilégiés, ils en doivent compte à la société. « C'est chose juste et raisonnable que chacun s'efforce de multiplier les dons qu'il a reçus de Dieu : par quoi je me suis efforcé de mettre en lumière les choses qu'il a plu à Dieu me faire entendre, afin de profiter à la postérité. » Cette idée de dévoûment à l'humanité et à la patrie, on la retrouve en vingt passages divers de ses livres. Plus il avance en âge, plus sa réputation, en grandissant, donne de poids à sa parole, et plus nous le voyons infatigable à combattre l'une après l'autre, toutes les erreurs funestes à la science ou au peuple. A peine en a-t-il dévoilé une, à peine l'a-t-il renversée, qu'il en combat une autre. Tous ses écrits ne sont qu'une lutte perpétuelle contre l'ignorance.

« Il n'est aucune sottise de son siècle, dit l'écrivain plein de talent que nous avons déjà cité, que Bernard n'ait attaquée en face, tantôt avec des raisonnements invincibles, tantôt avec des plaisanteries charmantes. Le crédit des charlatans les plus redoutables ne l'effraie pas : il n'a peur de personne, lorsqu'il s'agit de répandre une vérité, et, dans ce temps où toutes les folies que peut concevoir l'esprit humain trouvaient des adeptes, dans ce temps où la magie était une puissance, où les astres et les étoiles étaient consultés comme des oracles, où les songes étaient expliqués comme des avertissements de Dieu, où il y avait des devins qui prédisaient l'avenir et que l'on écoutait en tremblant ; dans ce temps où Catherine de Médicis avait un astrologue qu'elle logeait dans son hôtel, et qu'elle interrogeait chaque jour ; où Henri III, conseillé par les siens, faisait égorger les lions de sa ménagerie, parce qu'il avait rêvé qu'ils le mangeraient ; dans ces temps où des personnes de tous états, de tout rang, de toute qualité, s'occupaient du grand-œuvre et dépensaient des montagnes d'argent pour faire un peu d'or, Bernard Palissy flagellait les astrologues et les sorciers, expliquait les secrets de leur science, ridiculisait leurs dupes, et traitait de fripons insignes les alchimistes. Jamais peut-être, dans notre histoire, il n'y eut un homme qui réunit autant de lumières à tant de courage. »

Telle fut sans doute la principale cause des persécutions qui marquèrent la fin de cette belle et honorable vie. Palissy fut arrêté par ordre des Seize, et enfermé à la Bastille. Heureusement sa réputation le sauva encore. Le duc de Mayenne, ne pouvant le délivrer, fit du moins retarder l'instruction de son procès, espérant le rendre plus tard à la liberté; mais, vers 1589, on ne sait pas précisément la date, Bernard Palissy expira dans sa prison, à l'âge de quatre-vingts ans. Quelques jours auparavant, Henri III lui-même était venu voir le vieux Huguenot. « Mon bonhomme, lui dit-il, si vous ne vous accommodez sur le fait de la religion, je suis contraint de vous laisser entre les mains de mes ennemis. » La réponse est d'une sublimité antique : « Sire, j'étois tout près de donner ma vie pour la gloire de Dieu. Si c'eût été avec regret, certes il serait éteint, ayant ouï mon Roi dire : *Je suis contraint.* C'est ce que vous, Sire, et tous ceux qui vous contraignent ne pourrez jamais sur moi, parce que je sais mourir! »

Statue en bronze d'Ambroise Paré, par David d'Angers, érigée sur la Place de la Mairie, à Laval.

AMBROISE PARÉ

1517-1590

Dans un petit hameau nommé le Bourg-Hersent (du nom du seigneur du lieu), près de Laval, ville de l'ancienne province du Maine, naquit, au commencement du xviᵉ siècle, de parents honnêtes, un enfant qui devait être un jour l'honneur et la gloire de son pays, et dont le nom devait passer à la postérité : cet enfant, c'était AMBROISE PARÉ. L'on ne sait rien de précis sur la profession et la fortune de son père : on présume qu'il était attaché en qualité de barbier à la maison seigneuriale où le jeune Paré dut passer ses premières années, et, un peu plus tard, le remplacer, dit-on, dans ces mêmes fonctions. Quoi qu'il en soit, il a pu donner de l'éducation à ses deux fils : l'un s'est immortalisé, l'autre a été un chirurgien distingué à son époque, quoiqu'il n'ait exercé sa profession que dans une petite ville de Bretagne, Vitré, à sept lieues de Laval.

Dès ses plus jeunes années, Ambroise Paré manifestait un vif désir d'apprendre. Naturellement grave et réfléchi, il parcourait avec avidité quelques livres que possédait son père, qui lui avait appris lui-même à lire et à écrire. On raconte que des enfants de son âge, jouant un jour auprès de lui, un d'eux fit une chute, eut la peau du front coupée snr une assez grande étendue, et perdit connaissance. Ses petits compagnons, effrayés à la vue du sang et de l'immobilité de cet enfant, prirent la fuite; le jeune Paré, étranger à leurs jeux, s'approcha du blessé, lava sa plaie, et, après l'avoir fortement bandée, chargea le blessé sur ses épaules et le transporta chez ses parents. Son père, encouragé par les avis de ceux qui lui faisaient remarquer les heureuses dispositions de son fils, le plaça chez un ecclésiastique nommé Orsey, pour y apprendre le latin. Mais Paré ne pouvait s'y livrer à l'étude autant qu'il le voulait, car son maître, ne soupçonnant pas sa destinée, et méconnaissant sa précoce intelligence, l'occupait d'une manière toute contraire à ses goûts : il le faisait « sarcler un jardin, panser la mule et ramasser du bois. » Cependant Paré, poussé par un irrésistible désir d'apprendre, avait acquis quelques connaissances. Un chirurgien de Laval, nommé Vialot, visitait souvent le chapelain Orsey : il vit Paré, l'observa, et le prit chez lui, où il fut placé, ainsi qu'il le dit lui-même, comme apprenti. Là, son zèle et son activité pour l'étude redoublèrent : il assista son premier maître auprès des malades, pansa les plaies et fit quelques saignées.

Ayant accompagné à Paris la femme du seigneur du Bourg-Hersent, il manifesta le plus vif désir de rester dans cette capitale, se sentant appelé à une profession qu'il devait tant honorer un jour.

Le Collége des chirurgiens, fondé en 1260 par J. Pitard, chirurgien de Louis IX, qu'il avait accompagné dans ses voyages à la Terre-Sainte, n'avait pas perdu tout l'éclat qu'avaient contribué à lui donner Lanfranc de Milan, agrégé à ce collége, Guy de Chauliac, chapelain, chambellan et médecin du pape

Urbain V. Paré travailla avec une ardeur peu commune, et entra à l'Hôtel-Dieu, où il passa trois années. C'est là qu'il eut, comme il le dit, « le moyen d'apprendre beaucoup d'œuvres de chirurgie sur une infinité de malades, ensemble l'anatomie sur une grande quantité de corps morts. » Bientôt il se fit remarquer; et un homme qui professait alors avec éclat au Collége royal de France, Goupil, le distingua et voulut lui être utile. Déjà Paré pratiquait quelques opérations; Goupil lui fournit l'occasion d'en augmenter le nombre. Les armées françaises étaient en Italie. Paré manifesta vivement le désir de s'y rendre, et son protecteur contribua encore à le faire attacher au colonel général des gens de pied, le sieur de Monté-Jean, qui l'emmena en Italie, où il rendit de grands services et mérita l'estime générale : c'était en 1536, et, quoique fort jeune, il jouissait déjà d'une grande considération. On a dit que sa seule présence dans une ville assiégée suffisait pour ranimer l'espoir des combattants. Partout où il se trouva, il montra la plus grande passion pour l'étude. Pendant son séjour à Turin, il s'attacha surtout à observer, et il acquit beaucoup d'expérience. Quand on lit la relation de ses voyages, on est frappé du grand nombre de succès qu'il obtint en Italie.

Après la prise de Turin et la mort de son protecteur, le sieur de Monté-Jean, il revint en France. A son retour, il prit ses grades au Collége des chirurgiens, à Paris, et devint prévôt de cette compagnie, corps distingué, étranger à la corporation des barbiers, et dont tous les membres avaient le titre de *chirurgiens lettrés*. Ambroise Paré reçut souvent l'ordre de se rendre dans les pays étrangers, dans les villes assiégées, sur les champs de bataille; et lui-même, dans la description de ses voyages, que plusieurs historiens ont consultée, nous fait connaître les services qu'il fut heureux de rendre, les découvertes et les opérations qu'il fit, et le nom des principaux personnages qui lui durent la vie. C'est ainsi qu'il accompagna les comtes de Rohan et de Laval, envoyés en Bretagne pour repousser les Anglais; qu'il alla au siége de Perpignan, où il sauva la vie au grand maître de l'artillerie, M. de Brissac; qu'il suivit l'armée à Landrecies, et que plus tard, au siége de Boulogne, il fit une cure presque miraculeuse. Un combattant avait reçu un coup de lance; le fer avait pénétré entre l'œil et le nez, s'était brisé et faisait saillie derrière l'oreille. Au grand étonnement des chirurgiens, Paré arracha le fer avec des tenailles de maréchal, pansa et guérit la blessure. Ce combattant, c'était François de Lorraine, duc de Guise.

En 1551, Henri II nomma Paré son premier chirurgien. Peu de temps après, l'empereur Charles-Quint, à la tête d'une armée de cent mille hommes, attaqua la ville de Metz, défendue par une faible garnison. Plusieurs princes et une partie de la noblesse de France se trouvaient au nombre des assiégés; presque toutes les blessures étaient mortelles : la consternation se répandit, et le courage abandonnait les soldats. Il fallut supplier le roi d'envoyer Paré. Les obstacles et les dangers ne l'arrêtèrent pas; il arriva au milieu d'eux et leur apparut comme un génie bienfaisant. « Le lendemain de ma venue, dit-il, je ne faillis d'aller à la brèche, où je trouvai tous les princes et seigneurs, et me reçurent avec une grande joie, me faisaient cet honneur que de m'embrasser et de me porter dans leurs bras, adjoustant qu'ils n'avoient plus peur de mourir, s'il advenoit qu'ils fussent blessés. »

En 1553, le roi envoya Paré à Hesdin. Après une admirable défense, la ville fut prise; Paré y fut fait prisonnier, et sa conduite à cette occasion suffit pour l'immortaliser. Tour à tour barbares et cupides, les Espagnols massacraient impitoyablement les pauvres soldats, et exigeaient du roi de France de fortes rançons pour les prisonniers de distinction. Ambroise Paré se déguise en soldat; mais bientôt la vie d'un prisonnier est en danger : il n'hésite pas, il le soigne et se découvre. Le chirurgien de l'empereur veut l'attacher au service de son maître : il rejette ses offres; il insiste, même refus : « Enfin, je lui dis tout à plat que je ne voulois point. » Le duc de Savoie, ce farouche général, le fait venir devant lui; il cherche à le gagner par d'éblouissantes promesses. Inflexible dans les fers, Ambroise répond qu'il a délibéré de ne demeurer avec nul étranger. « Ceste mienne response entendue par le duc de Savoie, il se coléra, et dit qu'il me falloit envoyer aux galères. » Mais un officier allemand au service du duc de Savoie, le seigneur de Vaudeuille, gravement blessé à la jambe et abandonné de ses chirurgiens, réclame les soins de Paré : s'il le guérit, il lui promet sa liberté, sinon il le fera pendre; et Paré le guérit, et Vaudeuille le renvoie en France sous bonne escorte. Que de patriotisme, que d'héroïsme, que d'humanité !... Il sauve une forte rançon à l'Etat, il expose ses jours pour conserver ceux des Français malades; il refuse les honneurs, la fortune; il est outragé, menacé : il s'en venge en rendant la vie à son ennemi.

Ambroise Paré, à son arrivée à Paris, reçut les témoignages de la plus vive reconnaissance. Il y passa plusieurs années, pendant lesquelles « il ne se trouva cure, tant grande et difficile fût-elle, où sa main et son conseil n'eussent été requis. » Mais les guerres continuelles ne permettaient pas que ce grand chirurgien restât longtemps sur le même théâtre. En 1557, les Français blessés à la bataille de Saint-Quentin réclamaient ses secours; il s'y rendit et eut la douleur de ne pouvoir arriver jusqu'au connétable de Montmorency, prisonnier du duc de Savoie, qui gardait un profond ressentiment contre Ambroise Paré. Pendant dix années, il porta les lumières et les bienfaits de son art partout où il y avait des Français à arracher à la mort. Au siége de Rouen, le roi de Navarre, Antoine de Bourbon, blessé dans la tranchée d'un coup de feu à l'épaule, voyant l'incertitude dans l'esprit de ses médecins et de ses chirurgiens, demanda Paré. Celui-ci annonça une issue funeste, déclara aux médecins, qui ne partageaient pas son avis, que la blessure était mortelle; le roi voulut se faire transporter à Paris par bateau, et mourut aux Andelys. A la bataille de Dreux, le nombre des blessés était considérable, et presque toutes les blessures graves : il parvint par ses soins admirables à sauver beaucoup de monde. A la bataille de Saint-Denis, malgré les soins les plus éclairés et les plus touchants, il ne put sauver les jours du connétable de Montmorency, blessé mortellement. Deux ans après, à la bataille de

Moncontour, il prodigua ses soins aux guerriers atteints de blessures dangereuses et les arracha à la mort : M. de Bassompierre et plusieurs officiers lui durent la vie en cette occasion.

Le nom d'Ambroise Paré retentit partout : les étrangers réclamèrent souvent ses conseils et ses soins, et plus d'une fois les princes et seigneurs des pays en guerre avec la France supplièrent le roi de leur envoyer son chirurgien. Ne se connaissant point d'ennemis, Paré se montrait toujours généreux et humain, et semblait heureux des services qu'il rendait. Il avait sur son art des idées si élevées, qu'il disait que « l'opération médicale appelée chirurgie, les œuvres de main qui guérissent les hommes, lui paraissaient une occupation si belle, que les dieux devaient l'avoir enseignée ou pratiquée eux-mêmes !... » Quand on lit les œuvres d'Ambroise Paré, on y retrouve à chaque page des traits de la touchante humanité. Quels soins aux malheureux ! quelle sollicitude pour ces pauvres blessés ! Abandonnés, glacés et voués à une mort inévitable, Paré les recueille, les réchauffe dans son sein, les guérit et jouit de leur reconnaissance !

Avant Paré, les médecins, alors tout-puissants et jaloux, avaient longtemps fait peser un joug de fer sur la chirurgie ; cette branche de l'art de guérir avait eu à lutter contre leur despotisme ; mais pendant cette lutte, tantôt épuisée, tantôt vaincue, elle avait toujours su se relever Enfin apparut ce génie qui devait la faire briller d'un nouvel éclat. Paré renversa les erreurs, les préjugés, secoua le joug de la routine. A son exemple, et comme entraîné par l'impulsion qu'il donnait, les chirurgiens de tous les pays se livrèrent à de nouveaux travaux, inventèrent des opérations et perfectionnèrent celles qui étaient connues. L'Allemagne, l'Espagne, l'Italie admirèrent et voulurent imiter le chirurgien français.

L'humanité souffrante fut redevable à ce chirurgien des plus heureuses améliorations. Au XVe siècle, la plupart des opérations étaient plus dignes d'un barbare que d'un chirurgien, et les malades aimaient mieux mourir que de s'y soumettre. Paré simplifia le pansement des plaies, bannit de leur traitement les emplâtres, les onguents, les huiles bouillantes, détruisit les erreurs relatives aux plaies d'armes à feu, que l'on croyait généralement empoisonnées ou accompagnées de brûlure, et que l'on pansait, d'une manière absurde et cruelle, avec les huiles de sambuc, des caustiques actifs, et d'autres applications irritantes. Paré raconte, en parlant des blessés qu'il soignait, comment il fut amené, pendant son voyage en Italie, à faire ces remarques et à opérer cette réforme : « Mon huile me manqua, et fus contraint d'appliquer en son lieu un digestif fait de jaunes d'œufs, d'huile rosat et térébenthine. La nuit je ne pus bien dormir à mon aise, craignant, par faute d'avoir cautérisé, de trouver les blessés où j'avois failli à mettre ladite huile, morts empoisonnés, qui me fit lever de grand matin pour les visiter ; où, outre mon espérance, trouvay ceux auxquels j'avois mis le digestif sentir peu de douleur, et leurs plaies sans inflammation ni douleur, ayant assez bien reposé la nuit ; les autres où l'on avoit appliqué ladite huile bouillante, les trouvay fébricitants, avec grande douleur et tumeur aux environs de leurs plaies : adonc je me deliberay de ne jamais plus brûler ainsi cruellement les pauvres blessés d'arquebusades. » Il publia à ce sujet un ouvrage remarquable, qui a eu plusieurs éditions. (*Manière de traiter les plaies d'arquebuses*; in-8°, Paris. La dernière édition est de 1564). Les chirurgiens ne connaissaient avant lui d'autre moyen, pour prévenir ou arrêter les hémorrhagies après les amputations, que de plonger le membre dans l'huile bouillante pour le cautériser. Paré supprima cette pratique barbare; il la remplaça par la ligature des vaisseaux, qu'il appliqua souvent dans d'autres cas où l'impéritie des chirurgiens mettait la vie des blessés dans le plus grand danger. S'il n'inventa pas ce procédé, il mérita du moins la gloire de cette heureuse innovation, et fut assez modeste pour s'en dépouiller en face des anciens; car qui croirait que l'envie, acharnée à le poursuivre, lui faisait un crime de ses découvertes? C'est lui qui, le premier, fit l'amputation dans l'articulation de l'épaule, et réunit par première intention, c'est-à-dire en rapprochant exactement les chairs pour amener une prompte cicatrisation.

La réduction des luxations était opérée d'une manière si cruelle, qu'il nous répugne de la rappeler ici. Ambroise Paré la réforma, et, en cela, comme dans toutes les autres parties de la chirurgie, il se montra homme de génie. Il avait, sur les fractures des membres, les idées les plus justes. Il s'est montré encore là grand observateur : ayant eu la jambe gauche fracturée et déchirée par les os, il fit preuve d'un courage stoïque et d'une présence d'esprit rare. Il dirigea lui-même le chirurgien chargé de lui donner des soins.

Ambroise Paré inventa une foule de procédés opératoires, et ne se contenta point d'exercer son art avec distinction : il transmit les fruits de son expérience dans un ouvrage immortel, remarquable par les grâces naïves, la vérité de l'expression, et par ce charme ineffable attaché à toutes les production du génie. Les œuvres d'Ambroise Paré, conseiller et premier chirurgien du roi, divisées en vingt-huit volumes in-folio, ont eu un grand nombre d'éditions, et ont été traduites en plusieurs langues étrangères. Ses écrits, si remarquables par le nombre et la variété des faits, se distinguent éminemment de tous ceux de son siècle en ce que les anciens n'y sont point l'objet d'un culte superstitieux. Affranchi du joug de leur autorité, il soumet tout au creuset de l'observation, et reconnaît l'expérience seule pour guide.

Ambroise Paré n'était pas seulement homme de génie : il était savant, et s'occupait beaucoup d'histoire naturelle. Il s'était livré à l'étude des langues étrangères; la langue italienne avait surtout du charme pour lui, et il se plaisait à la parler avec Catherine de Médicis, qui appréciait Paré, et le défendit souvent avec chaleur contre les attaques insidieuses de ses adversaires. Chirurgien des rois Henri II, François II, Charles IX et Henri III, Ambroise mérita leur confiance et leur amitié; et quand ses ennemis voulurent faire planer sur lui des soupçons d'empoisonnement sur la personne du roi, la reine indignée s'écria : « Non, non, Ambroise est trop homme de bien et notre bon ami pour avoir eu la pensée de ce projet odieux. »

Sa grande renommée lui sauva la vie dans l'horrible nuit de la Saint-Barthélemy. Attaché à la religion protestante, il n'aurait pas échappé au massacre, si Charles IX lui-même n'eût pris soin de l'en garantir. Les historiens du temps, et l'on peut consulter à ce sujet les mémoires de Sully, ont conservé le souvenir de cette exception, si honorable pour celui qui en fut l'objet, quoiqu'elle ne puisse diminuer l'horreur qu'inspire la mémoire de ceux qui furent les instigateurs de cet exécrable drame. « Il n'en voulut jamais sauver aucun, dit Brantôme en parlant de Charles IX, sinon maistre Ambroise Paré, son premier chirurgien, et le premier de la chrétienté; et l'envoya quérir et venir le soir dans sa chambre et garde-robe, lui commandant de n'en bouger; et disoit qu'il n'estoit raisonnable qu'un qui pouvoit servir à tout un petit monde fust ainsi massacré. »

Quand la peste désola Paris, la famille royale se réfugia à Lyon. Paré, fidèle à son devoir, demeura sur le théâtre de l'épidémie; il s'exposa à tous les dangers, et sa vie fut plusieurs fois menacée. Il publia, par ordre du roi, un ouvrage sur cette maladie; mais Paré était chirurgien, et les traits de l'envie l'atteignaient déjà, lorsque, avec candeur, il s'empressa de dire qu'il avait compilé les bons médecins!

Le caractère d'Ambroise Paré était celui du vrai philosophe chrétien. Dans ses actions, comme dans ses écrits, on retrouve toujours la science appliquée à l'être souffrant, avec la plus touchante humanité, le génie créant et triomphant avec modestie « Je le pansay, Dieu le guarit » : ainsi se termine dans ses ouvrages la description de ses succès. Il a mérité d'être appelé l'Hippocrate de la chirurgie. « Aux yeux des sages, les noms des plus grands conquérants s'abaisseront devant celui d'Hippocrate », a dit Barthélemy, l'illustre auteur du *Voyage d'Anacharsis;* Ambroise Paré n'est-il pas digne de lui être comparé?

La ville de Laval doit s'enorgueillir d'avoir été le berceau d'un si grand homme. Pendant près de trois siècles rien n'y rappela le célèbre chirurgien! Cependant Bonaparte, cette vaste intelligence qui comprenait les temps, les hommes et les choses, promit 1,800 francs de pension au descendant d'Ambroise Paré, dont la filiation serait constatée authentiquement. En 1804, le professeur Lassus se rendit à Laval, et fit connaître les intentions du premier consul : pas un descendant ne se présenta! A Paris, le buste en marbre d'Ambroise Paré, dû au ciseau du célèbre statuaire David (d'Angers), et portant cette inscription : *Je le pansay, Dieu le guarit,* décore le grand amphithéâtre de l'Ecole et la salle des séances de l'Académie de médecine.

Le 29 juillet 1840, eut lieu à Laval, sur la place de l'Hôtel-de-Ville, l'inauguration du monument élevé à la mémoire d'Ambroise Paré. La statue colossale en bronze, que nous devons au génie et au désintéressement de David (d'Angers), fut découverte en présence des autorités civiles et militaires. L'affluence était immense. Les corporations de la ville, bannières déployées, étaient venues saluer ce jour d'apothéose. Les députations des Faculté et Académie de médecine, des Sociétés scientifiques, assistaient à cette solennité. Plusieurs discours furent prononcés; l'éloquent secrétaire perpétuel de l'Académie de médecine, M. Pariset, interpréta dignement les sentiments de ce corps savant.

Le docteur C. Perdrise, de Laval, chargé de représenter l'Association des Médecins de Paris, donna lecture d'une lettre pleine de dignité et d'élévation que lui avait adressée le docteur Orfila, président de l'Association, en le chargeant de cette honorable mission. Il ajouta en terminant :

« Aujourd'hui, Messieurs, vous ne rendez pas seu-
» lement hommage à l'illustre chirurgien que les rois
» de France, ainsi qu'on l'a dit heureusement, se
» léguèrent l'un à l'autre comme la partie la plus
» précieuse de leur héritage; Ambroise Paré ne fut
» pas seulement un habile et intrépide chirurgien,
» dont la présence sur les champs de bataille suffisait
» pour relever le courage abattu de nos guerriers;
» Ambroise Paré ne fut pas seulement courageux au
» milieu des dangers, stoïque dans la souffrance, in-
» flexible dans les fers, consciencieux dans ses ac-
» tions, modeste dans ses succès : Ambroise Paré fut,
» par-dessus tout, un homme de bien, et sa vertu fut
» un des plus beaux fleurons de sa couronne.
» Une de nos illustrations scientifiques et littérai-
» res, brillante lumière qui vient de s'éteindre, le
» baron Richerand, professeur à l'Ecole de médecine
» de Paris, s'était toujours montré grand admirateur
» d'Ambroise Paré. Non content d'avoir cité, presque
» à chaque page de ses écrits, les préceptes du père de
» la chirurgie, il voulut encore, quelques mois avant
» de nous quitter pour toujours, rendre un dernier
» hommage à cet homme de bien. Il vint au sein de
» l'Académie de médecine, et demanda à lire une
» page remarquable d'un historien contemporain

» d'Ambroise Paré (Pierre de Lestoile), dont aucun
» de ses biographes ne paraît avoir eu connaissance.»

Ecoutons, Messieurs, le récit véridique de l'historien de ces temps de fureur et d'anarchie, pendant lesquels Ambroise Paré conservait tout son courage, et les sublimes réflexions du professeur Richerand.

« Le jeudi 20 de décembre 1590, dit Pierre de Les-
» toile, mourust en sa maison maistre Ambroise Paré,
» chirurgien et conseiller du Roy, aagé de quatre-
» vingts ans, homme docte et des premiers de son art,
» qui, non obstant les temps, avoit toujours parlé et
» parloit librement pour la paix et pour le bien du
» peuple, ce qui le faisoit autant aimer des bons
» comme mal vouloir et haïr des meschants, le nom-
» bre desquels surpassoit de beaucoup l'autre, prin-
» cipalement à Paris, où les mutins avoient toute
» l'auctorité; non obstant lesquels ce bonhomme, se
» fiant possible à ses vieux ans, comme Solon, ne
» laissoit à leur dire la vérité. Et me souviens qu'en
» viron huict ou dix jours au plus avant la levée du
» siége, M. de Lyon (un des chefs de la Ligue) passant
» au bout du pont Saint-Michel, comme il se trouva
» assiégé d'une foulle de menu peuple mourant de
» faim, qui lui crioit et lui demandoit du pain ou la
» mort, et ne s'en sachant comment depestrer, maistre
» Ambroise Paré, qui se rencontra là, va lui dire tout
» hault : Monseingueur, ce pauvre peuple ici que
» vous voies autour de vous meurt de male rage de
» faim, et vous demande miséricorde. Pour Dieu,
» Monsieur, faites-la lui, si voulés que Dieu vous la
» fasse, et songés un peu à la dignité en laquelle
» Dieu vous a constitué, et que les cris de ces pauvres

» gens qui montent jusques au ciel sont autant d'ag-
» journements que Dieu vous envoie pour penser au
» deu de vostre charge, de laquelle vous lui estes res-
» ponsable; et pourtant selon icelle, et la puissance
» que nous sçavons tous que vous y avés, procurés-
» nous la paix ou nous donnés de quoi vivre, car le
» pauvre monde n'en peult plus. Voiés-vous pas que
» Paris perit au gré des meschants qui veulent em-
» pescher l'œuvre de Dieu, qui est la paix? Opposés-
» vous-y fermement, Monsieur, prenant en main la
» cause de ce pauvre peuple affligé, et Dieu vous
» benira et vous le rendra. A quoi, ajoute Lestoile,
» M. de Lyon ne respondit quasi rien, si non que,
» contre sa coustume, s'estant donné la patience de
» l'ouïr tout du long sans l'interrompre, il dit après
» que ce bonhomme l'avoit tout estonné, et qu'en-
» cores que ce fust un langage de politique que le
» sien, toutefois qu'il l'avoit resveillé et fait penser à
» beaucoup de choses. »

« Que l'on se figure un moment l'un des plus puissants chefs de la Ligue, suivi d'une nombreuse escorte
de gentilshommes armés, redoutables spadassins,
s'arrêtant subjugué par l'ascendant de la vertu, et
comme atterré par l'éloquence mâle et forte d'un
homme de bien! »

Que seraient, auprès d'un tel langage, les éloges
les plus pompeux et tout l'art des panégyristes?

PARMENTIER
1737-1813

L'idolâtrie, chez les anciens, offrait au moins cela de bon, que souvent elle fit aux peuples une religion de la reconnaissance. Triptolème, qui passait pour avoir enseigné aux hommes, après Cérès, la culture et l'emploi du blé, eut aussi son temple et ses prêtres. Les Béotiens eux-mêmes, les plus grossiers d'entre les Grecs, avaient érigé des autels à deux de leurs compatriotes-voyageurs, qui avaient rapporté d'Orient l'art de faire le pain. Se peut-il que, parmi nous, il y ait tant de personnes, même des classes éclairées, qui mangent des *pommes de terre,* sans savoir la vie ni peut-être le nom de l'homme à qui la France est redevable de cet immense bienfait?

PARMENTIER (Antoine-Augustin) naquit à Montdidier, en Picardie, le 17 août 1737, d'une famille peu fortunée et honorable. Son aïeul avait été maire de la ville; son père était un militaire distingué. Il le perdit étant encore en bas âge, et resta, avec un frère et une sœur, à la charge de sa mère, femme d'un grand caractère, d'un esprit très distingué et d'une instruction supérieure à celle des femmes ordinaires. Parmentier, dans plusieurs de ses écrits, a fait l'éloge de sa mère, et n'en parlait jamais qu'avec une sensibilité qui les honorait tous les deux. Trop pauvre pour envoyer son fils dans les colléges, cette bonne mère, avec l'assistance d'un honnête ecclésiastique, enseigna elle-même à son fils les éléments de la langue latine, qu'elle avait étudiée à cette intention. Ses leçons de latin étaient entremêlées d'excellents préceptes de morales : jamais l'élève ne les oublia.

En 1755, animé du désir de se rendre promptement utile à sa famille, le jeune Augustin entra chez un apothicaire à Montdidier, et l'année suivante (1756), un de ses parents, Simonet, pharmacien à Paris, l'appela près de lui et cultiva ses heureuses dispositions. Bientôt s'ouvrit pour l'élève pharmacien une vaste carrière. La guerre de Hanovre ayant éclaté, Parmentier partit pour l'armée, en 1757. L'intendant général de l'armée, Chamousset, et le célèbre Bayen, pharmacien en chef, eurent bientôt remarqué et pris en affection le jeune Parmentier, qu'ils élevèrent rapidement, mais avec l'approbation de tous, au grade de pharmacien en second. Non seulement l'habileté, mais encore l'intrépidité et le courageux dévoûment dont Parmentier donna des preuves éclatantes pendant l'épidémie qui ravagea l'armée, justifièrent un avancement aussi prompt. Le sévère et stoïque Bayen devint le meilleur ami du jeune et ardent Parmentier, dont la vie entière et les travaux furent déterminés par diverses circonstances de cette campagne. Ce n'est pas cependant qu'elle eût été toujours heureuse pour Parmentier, qui ne s'exposait pas seulement dans les hôpitaux. Il fut fait cinq fois prisonnier. Quelquefois, il rappelait gaîment cette mésaventure. « Ces hussards prussiens, disait-il, sont les plus habiles valets de chambre que je connaisse. Ils m'ont déshabillé plus vite que je ne pouvais le faire moi-même. Du reste, ce sont de fort honnêtes gens : ils ne m'ont pris que mon argent et mes habits! » Anecdote, disons-le en passant, qui prouve que les Prussiens d'aujourd'hui n'ont pas changé d'usages.

C'est pendant l'une de ces captivités militaires, que Parmentier, assez rigoureusement détenu et réduit à la ration des prisonniers, que l'on nourrissait de pommes de terre, au lieu de s'indigner contre cet aliment nouveau, se prit philosophiment à réfléchir sur la nature et l'utilité de cette plante, et se promit de ne point l'oublier quand il serait libre. Ce fut au fond d'une prison, que Parmentier conçut la première pensée du bienfait qui devait l'immortaliser.

Il se consola du traitement que lui avaient fait les hussards, quand il se trouva logé à Francfort-sur-le-Mein, chez Meyer, pharmacien de cette ville et l'un des meilleurs chimistes de l'Allemagne. Il en devint l'ami : il aurait pu devenir son gendre et son successeur, s'il eût voulu renoncer à sa patrie. Il repoussa de même les sollicitations de d'Alembert, qui lui proposait de remplacer le célèbre Margraff auprès du grand Frédéric. Ce fut chez Meyer qu'il étudia la pharmacie telle qu'elle se pratiquait en Allemagne, et qu'il se familiarisa avec la langue allemande.

De retour à Paris (1763), Parmentier suivit assidûment les cours de physique de l'abbé Nollet, ceux de chimie des frères Rouelle, dont il fut quelque temps le préparateur, et les herborisations de Bernard de Jussieu. Telle était son ardeur pour l'étude, qu'il se privait de vin, et retranchait même sur ses aliments, pour acheter des livres, suivre des leçons et envoyer de petits secours à sa mère. Ayant enfin épuisé ses ressources, il se plaça comme aide dans la pharmacie de Lorou. Une place de pharmacien gagnant maîtrise étant venue alors à vaquer à la maison royale des Invalides, il l'obtint au concours (1765).

L'habileté et le zèle du nouveau pharmacien, son amabilité, son esprit vif mais jamais satirique, et le charme attaché à son naturel aimant et bon, lui conquirent tous les cœurs. Il était chéri des soldats et des sœurs de l'hôpital, au moins jusqu'à l'époque où il reçut, pour récompense de ses travaux, et, à son tour d'ancienneté, le brevet d'apothicaire-major, qui devait le fixer aux Invalides, selon les vœux du gouverneur et de l'administration. Ce brevet, accordé par Louis XV (18 juillet 1772), devint le signal du désaccord de deux années entre les bonnes religieuses et Parmentier, qu'elles avaient toujours beaucoup aimé. Les sœurs étaient, depuis Louis XIV, en possession du privilége de ne reconnaître aucun supérieur dans la pharmacie de l'hôtel. Elles se plaignent d'abord. Elles vont enfin se jeter aux pieds de la nouvelle reine, qui leur accorde sa protection auprès du roi. Le roi Louis XVI retire à Parmentier son brevet (31 décembre 1774), mais en lui accordant une pension égale aux appointements de la place dont il le privait, et en lui laissant le logement que le gouverneur lui avait donné.

C'est en se livrant à de nouveaux et utiles travaux qu'il cherche à se consoler de cette disgrâce et à utiliser au profit de l'humanité ses loisirs forcés. L'Académie de Besançon avait mis au concours un Mémoire sur les plantes qui pouvaient le mieux suppléer aux céréales dans les temps de disette : Parmentier concourt et obtient le prix. Les souvenirs de sa prison et de la pomme de terre lui étaient revenus, et jusqu'à son dernier soupir il ne cessa de s'en occuper.

Pour connaître le prix du service que Parmentier a rendu en propageant la culture de la pomme de terre, il faut se reporter à l'époque où il commença son travail. Il y avait alors des disettes de grains assez fréquentes : c'était l'un des motifs qui avaient déterminé l'Académie de Besançon à proposer son prix (1771). En examinant tous les fruits et toutes les racines qui pouvaient concourir au but indiqué par l'Académie, Parmentier en était revenu à ses premières pensées, conçues en Allemagne, sur l'utilité à tirer du *Solanu tuberosum,* assez improprement nommé pomme de terre. Cette plante, transportée du Pérou en Europe, dès les premières années du seizième siècle, avait été d'abord cultivée en Italie, décrite par le savant botaniste français Clusius (de l'Ecluse), de 1588 à 1601, cultivée en Allemagne dès le commencement du dix-septième siècle, introduite en France par la Flandre, propagée dans nos provinces du Midi, et dans le Limousin et l'Anjou par les soins de Turgot, mais toujours dédaignée, repoussée par la routine et l'ignorance, qui la regardaient comme engendrant la lèpre ou tout au moins la fièvre, et l'abandonnaient aux animaux. Parmentier, ayant réfuté toutes ces erreurs, s'attacha à prouver que ce tubercule, par son mode de reproductions, brave les intempéries des saisons et ne peut guère se prêter, par son volume, aux calculs avides des accapareurs; qu'il peut remplacer le froment dans les temps de disette, et même, dans les bonnes années, nourrir en grande partie le cultivateur, qui est libre alors de vendre sa récolte de céréales.

Quand on pense que la culture de cette solanée était presque inconnue au siècle dernier, et que l'on en récolte maintenant sur le sol français des *centaines de millions d'hectolitres*, constituant l'un des principaux éléments de l'alimentation publique, on se demande quelles ont été les ressources d'un seul homme pour obtenir ce prodigieux résultat! C'est que Parmentier était animé de la passion et du génie du bien; il le voulait de toutes les facultés de son âme, à tous les instants de sa vie. Recherches, travaux, sollicitations et même d'innocents artifices, rien ne coûte à cet ardent et infatigable ami des hommes, qui, dès trois heures du matin, se met au travail pour avoir plus de temps dans la journée pour solliciter les personnages influents, dont le concours est nécessaire au bien qu'il médite. Sa grande expérience à la plaine des Sablons est restée fameuse. Il fallait avant tout frapper l'imagination des Parisiens. Plus de cinquante arpents des sables stériles de cette plaine, accordés à Parmentier, sont labourés pour la première fois. Il aurait voulu que Louis XVI en traçât le premier sillon, comme les empereurs de la Chine. On riait de la folie du bonhomme. Mais enfin la végétation paraît, les fleurs se forment, et les tubercules vont atteindre leur maturité. Le roi Louis XVI reçoit de Parmentier, et porte, dans une réception solennelle, un bouquet de ces fleurs, que les grands seigneurs et les dames mettent en vogue dès ce moment. Pendant le jour, des gardes placés autour du champ excitent la curiosité et l'avidité de la foule, et comme on les retirait le soir, on vient enfin avertir Parmentier que pendant la nuit on vole ses pommes de terre. Au comble de la joie, il récompense généreusement celui qui lui porte la première nouvelle de ce succès d'un nouveau genre. Il donna alors un grand repas où Franklin et Lavoisier assistèrent. La pomme de terre, déguisée sous toutes les formes, y fournit seule la substance de tous les mets. Les liqueurs même en étaient extraites. Le succès le plus éclatant récompensa enfin tant de zèle et de si ingénieux efforts. François de Neufchâteau avait indiqué à la reconnaissance publique un genre de monument impérissable, sans aucuns frais; il avait proposé d'adopter et de populariser le nom de *Parmentière* en souvenir du bienfaiteur. La routine et l'ignorance ont prévalu.

Un savant distingué, M. Cadet de Gassicourt, dans son éloge de Parmentier, lu à la Société de Pharmacie, résume ainsi la vie de ce bienfaiteur des hommes : Parmentier a publié, en 1774, la traduction des *Récréations chimiques* de Model, enrichies de notes intéressantes. Son *Parfait Boulanger* (1778), qui fait époque dans l'histoire de cette profession utile, fut suivi d'un traité *sur la Châtaigne* (1780), d'un traité sur le Maïs (1784) d'une *Méthode pour conserver les grains et les farines* (1784), d'un Mémoire *sur les avantages que le Languedoc peut tirer de ses grains* (1786); enfin, en 1789, parut son traité sur *la Culture de la Pomme de terre*, etc. Ses deux Mémoires *sur le Lait* (1790) et *sur le Sang* (1791), composés de concert avec son ami Deyeux, célèbre chimiste, furent couronnés par la Société royale de Médecine. Tels sont les ouvrages principaux de Parmentier, jusqu'aux époques troublées de la Révolution. On pourrait citer encore une nouvelle édition de la *Chimie hydraulique* de Lagaraye, avec notes; une *Economie rurale et domestique* mise à la portée des dames; un *Avis aux bonnes Ménagères* des villes et des campagnes, sur la meilleure manière de faire le pain; des Mémoires sur *les Semailles et engrais;* une multitude d'articles fournis aux journaux scientifiques, etc.

Parmentier était trop occupé de ces objets utiles à tous les hommes, pour prendre part aux discussions politiques qui agitaient alors la France. Son silence fut pris pour un désaveu des pricipes qui triomphaient, et celui qui avait déjà rendu de si grand services au peuple français fut persécuté par de prétendus *Amis du peuple*. « Qu'on ne nous parle pas de ce Parmentier, disait un orateur des clubs : il ne nous ferait manger que des pommes de terre, c'est lui qui les a inventées! » On lui enleva donc sa modeste pension; on le priva de son logement aux Invalides; mais on ne tarda pas à avoir besoin de lui.

Il fut envoyé à Marseille pour y rassembler les médicaments dont les hôpitaux étaient dépourvus; on l'invita à s'occuper de la salaison des viandes pour la marine; enfin, il entra avec Bayen, son ami et son modèle, dans le conseil de santé, pour réorganiser le service pharmaceutique des armées, la pharmacie centrale des hôpitaux militaires, et rédiger un formulaire à l'usage des médecins et des pharmaciens, ainsi qu'une instruction pour purifier l'air des salles des malades.

Parmentier donna au gouvernement les moyens d'améliorer le pain des soldats et le biscuit des marins; il examina l'eau considérée comme boisson des troupes, en profitant d'un travail qu'il avait fait sur celle de la Seine. Enfin, on reconnut qu'on ne pouvait plus se passer de cet homme qu'on avait dédaigné et mis au nombre des suspects, parce qu'il ne lui semblait pas que des factions fussent utiles à la patrie. On l'appela au Conseil de salubrité du département de la Seine, au Conseil général des hospices civils. Toutes les Sociétés savantes lui envoyèrent des diplômes; l'Institut national le reçut dans son sein, et partout il justifia le choix qu'on avait fait de lui. Envoyé avec son collègue, M. Husard, comme député de la Société d'Agriculture de Paris, à celle de Londres, il y fut accueilli avec la plus grande distinction, et par cette Société et par les chefs du gouvernement anglais. A son retour, il communiqua les observations importantes qu'il avait faites sur l'agriculture de l'Angleterre comparée à celle de la France.

Il avait autrefois coopéré au *Cours d'Agriculture* de son estimable et malheureux ami, l'abbé Rozier, à la *Bibliothèque économique,* à plusieurs journaux et recueils scientifiques. Vers la fin de sa carrière, il a fourni des notes précieuses pour la nouvelle édition d'Olivier de Serres, de nombreux articles au *Dictionnaire d'Histoire naturelle,* au *Nouveau Cours d'Agriculture,* aux *Annales de Chimie,* au *Bulletin de Pharmacie,* etc. « Pour rendre compte de tous les ouvrages de ce laborieux et savant philanthrope, il faudrait écrire plus d'un volume, » s'écrie M. Cadet de Gassicourt, qui ne pouvait, dans son éloge, comme on y est contraint dans cet article, s'arrêter qu'aux deux grands bienfaits de Parmentier, l'introduction de la pomme de terre en France et le sirop de raisin. Ce devait être, selon Parmentier, *le Pain et le Sucre du pauvre.*

Honoré de l'estime et de l'affection de tous les savants, mais profondément affecté de la perte d'une sœur chérie, et ne supportant qu'avec douleur le spectacle des maux qui désolaient la France, Parmentier fut enlevé à l'humanité, le 17 décembre 1813.

L'éloge de Parmentier fut mis au concours par l'Académie d'Amiens, et le prix fut remporté par le docteur A Miquel. Toutes les Sociétés savantes ont payé à l'envi leur tribut d'admiration et de regrets à Parmentier. Il ne reste à déplorer, à son égard, que l'insouciance, l'ingratitude ou plutôt l'ignorance des masses, appelées à recueillir l'héritage de ses bienfaits.

VAUCANSON
1709-1782

Jacques de VAUCANSON, comme la plupart des hommes qui ont laissé une trace glorieuse et durable dans la carrière qu'ils ont parcourue, manifesta de bonne heure les inclinations natives de son génie. Né à Grenoble, le 24 février 1709, d'une famille noble, qui ne doit cependant qu'à lui seul l'illustration de son nom, son enfance fut grave et réfléchie. Sa mère, femme d'une piété rigoureuse, ne lui permettait d'autre distraction, le dimanche, que celle d'assister aux pieux entretiens qu'elle allait chercher dans un couvent, chez des dames d'une dévotion égale à la science. Peu attentif aux conférences de sa mère et de ses pieuses amies, en revanche il l'était beaucoup aux mouvements d'une horloge placée dans un appartement voisin. Il examinait cette horloge à travers les fentes d'une cloison, il en étudiait la marche, en analysait la structure et s'efforçait de découvrir le jeu des pièces qui la composaient, bien qu'il ne pût en voir qu'une partie. Cette idée le poursuivait partout, il réussit tout d'un coup, après plusieurs mois de recherches, à saisir le mécanisme de l'échappement. Quelle preuve plus précoce et plus éclatante pouvait-il donner de sa vocation pour la mécanique?

Les premiers essais de Vaucanson en ce genre tiennent déjà du prodige. Il fit en bois et avec des instruments grossiers une horloge qui marquait les heures assez exactement. Parmi les rares plaisirs que sa mère lui passait, celui d'arranger et de décorer une chapelle d'enfant le conduisit ensuite à fabriquer de petits anges dont les ailes s'agitaient d'elles-mêmes, et des prêtres automates qui accomplissaient quelques-unes des fonctions du sacerdoce. Enfin, se trouvant à Lyon pendant que l'on y parlait de construire une pompe hydraulique pour fournir de l'eau à la ville, il en imagina une que sa modestie l'empêcha de proposer; mais, arrivé à Paris, ce fut chez lui un véritable transport de joie, en retrouvant précisément sa machine dans celle de la *Samaritaine*. Cette rencontre n'est pas sans exemple dans l'histoire des savants et des artistes; ainsi Pascal avait deviné, dès son enfance, les premières propositions d'Euclide, et, de nos jours, Prudhon découvrit tout seul le procédé de la peinture à l'huile. Sans doute, ces inventions de seconde main n'ajoutent rien au domaine des sciences et des arts; mais elles n'en attestent pas moins la force d'intelligence de leurs auteurs, et, à ce titre seul, on conçoit facilement la joie de Vaucanson. A ses yeux, il pouvait avoir sincèrement tout l'honneur d'un projet dont il ignorait l'exécution antérieure.

Après plusieurs années fructueusement employées à acquérir toutes les connaissances dont il manquait encore, en anatomie, en musique et en mécanique, Vaucanson songea à réaliser une idée qu'il avait conçue en voyant, dans le jardin des Tuileries, le faune jouant de la flûte, de Coysevox. Il s'agissait de construire une statue automate qui exécuterait des airs et imiterait les divers mouvements d'un joueur de flûte. Un des oncles de Vaucanson, qui ne vit là qu'une extravagance, eut lui-même celle de menacer son neveu d'une lettre de cachet, s'il persistait dans son projet. Vaucanson parut d'abord y renoncer; mais, trois ans plus tard, il y revint avec une nouvelle ardeur, pendant les loisirs forcés que lui fit une longue maladie; et ses calculs étaient si justes que la machine résulta pleinement et tout d'abord de la combinaison des différentes pièces qu'il avait demandées à plusieurs ouvriers chargés séparément des diverses parties de l'automate. Aux premiers sons que rendit cette statue, le domestique de Vaucanson tomba aux genoux de son maître, qui lui parut dès lors plus qu'un homme, et tous deux s'embrassèrent en pleurant de joie. Nous n'entrerons pas ici dans le dédale infini des roues, des cordons, des fils et chaînes d'acier, des soufflets, des poulies, des leviers, des soupapes, des poids, des tuyaux, des cylindres, des réservoirs de vent, des claviers, des lames, des pivots, etc., etc., qui composent cette organisation aussi compliquée, peut-être aussi délicate que celle du corps humain; nous renverrons le lecteur qui serait tenté de faire complètement cette curieuse autopsie, au mémoire publié à ce sujet, en 1738, par Vaucanson lui-même.

Qu'il nous suffise de dire que cet automate joue douze airs différents avec une précision remarquable, et que ses lèvres s'avancent ou se reculent, s'écartent ou se rapprochent, en augmentant ou en diminuant la force et la vitesse du vent, selon les divers tons, avec le concours des variations que la disposition des doigts éprouve, et des mouvements que reçoit une soupape qui fait office de langue.

Encouragé par ce succès, Vaucanson exposa, en 1741, deux canards et un joueur de tambourin et de galoubet qui ne furent pas accueillis avec moins d'étonnement et d'admiration que son joueur de flûte. Les canards boivent, barbotent dans l'eau, coassent comme un volatile vivant de cette espèce; ils font mouvoir leurs ailes, se dressent sur leurs pattes, inclinent le cou à droite à gauche et l'allongent pour prendre du grain qu'ils mangent, digèrent et rendent par les voies ordinaires. Ils imitent toutes les allures du canard qui avale avec précipitation, et redoublent aussi de vitesse dans les mouvements de leur gosier pour transmettre la nourriture jusqu'à leur estomac, où elle subit une sorte de trituration, de macération qui en change sensiblement l'apparence. La construction de leurs ailes pourrait défier l'œil d'un anatomiste; elles ont été copiées exactement sur celles d'un canard vivant avec leurs formes, leurs cavités, leurs articulations et leurs os.

L'automate qui joue du tambourin d'une main et de l'autre du flageolet provençal, offrait peut-être encore plu de difficultés à vaincre que le joueur de flûte. Que l'on songe, en effet, qu'il s'agissait cette fois de l'instrument le plus ingrat et le plus faux par lui-même, et où tous les tons dépendent du plus ou moins de force de vent et de trous bouchés à moitié; qu'il fallait produire tous les vents différents avec une vitesse que l'oreille a de la peine à suivre, et donner des coups de langue à chaque note. Une découverte curieuse qui se rattache à la construction de cet automate, c'est que le galoubet est un des instruments les plus fatigants pour la poitrine, dont les muscles font parfois un effort équivalant à une pression de 28 kilogrammes, puisqu'il ne produit le *si* d'en haut, la dernière note où il puisse atteindre, que par un courant d'air poussé par cette force ou ce poids. Une pression de 30 grammes fait sortir la première note, qui est le *mi*. On peut se figurer par là quelle division de vents exigeait cette petite flûte pour parcourir toute sa gamme. Et ce n'est pas tout encore, car elle n'occupe qu'une main, et l'automate tient de l'autre une baguette avec laquelle il bat du tambourin, donnant des coups simples et doubles, exécutant des roulements variés à tous les airs, et accompagnant en mesure ces mêmes airs, au nombre d'une vingtaine, qu'il joue sur son galoubet.

Telle était dès lors la célébrité de Vaucanson, que le roi de Prusse Frédéric II, qui aurait voulu réunir autour du trône où il venait de monter, les hommes les plus éminents de l'Europe, essaya de l'attirer à sa cour. Mais Vaucanson savait qu'un vrai citoyen appartient avant tout à sa patrie, et il résista aux offres brillantes qui lui étaient faites. Averti par cette marque d'estime dont l'honorait un prince étranger, qu'il y avait une part à lui faire dans les faveurs de l'Etat, le cardinal de Fleury ne tarda pas à lui confier l'inspection des manufactures de soie. Jusqu'ici Vaucanson s'était fait le nom populaire d'un mécanicien ingénieux et amusant; voici maintenant qu'il va conquérir une gloire plus solide comme mécanicien utile, en mettant sa science et son génie au service de l'industrie française.

Dans l'exercice de ses nouvelles fonctions, il s'appliqua surtout à chercher les moyens de perfectionner les préparations que doit subir la soie avant d'être employée. « Il existait pour ces différentes opérations des procédés ingénieux, dit Condorcet, dans le discours qu'il a fait à l'éloge de Vaucanson, comme secrétaire perpétuel de l'Académie des sciences; mais ces procédés ne conduisaient ni à donner à volonté aux diverses espèces de soie le juste degré d'apprêt qu'on voulait qu'elles eussent, ni à rendre cet apprêt égal pour toutes les bobines ou tous les écheveaux d'un même travail, et pour toute la longueur du fil qui formait chaque bobine ou chaque écheveau : cette régularité dans le travail exigeait une précision qui obligea M. de Vaucanson à imaginer, non seulement les machines en elles-mêmes, mais encore les instruments nécessaires pour exécuter avec régularité et d'une manière uniforme les différentes parties de ces machines. Ainsi, par exemple, une chaîne sans fin donnait le mouvement à son moulin à organiser, et M. de Vaucanson inventa une machine pour former la chaîne de mailles toujours égales. Cette machine est regardée comme un chef-d'œuvre; toutes les courbures que peut avoir le fil de fer sont redressées; toujours coupé de la même longueur, il reçoit deux plis toujours égaux; à chaque extrémité un crochet toujours semblable est destiné à recevoir le fil que formera la maille suivante, et lorsque la chaîne est faite dans toute sa longueur, une autre machine plus simple réunit les deux mailles extrêmes, et achève la chaîne sans fin; si quelques mailles viennent à se briser, la même machine sert à les remplacer, et à réunir cette partie nouvelle aux deux extrémités de ce qui reste de l'ancienne chaîne. »

Ayant été consulté par le gouvernement dans une discussion où l'on alléguait l'intelligence peu ordinaire que devait avoir un ouvrier en étoffes de soie, pour faire accorder quelques priviléges à ces fabriques, Vaucanson répondit par la construction d'une machine avec laquelle un âne exécutait une étoffe à fleurs. Par cette nouvelle invention, on doit l'avouer, il ne voulait pas seulement empêcher la concession d'une faveur imméritée; c'était aussi pour lui une manière de se venger plaisamment des ouvriers de Lyon, qui, par un ressentiment qu'on ne doit imputer qu'à leur ignorance, l'avaient un jour poursuivi à coups de pierres, sur le bruit qu'il cherchait à simplifier les métiers.

Vaucanson avait entrevu la possibilité d'atteindre à la plus haute peut-être des merveilles de mécanique imitative, en créant un automate dans l'intérieur duquel s'opérerait tout le mécanisme de la circulation du sang. Louis XV s'était intéressé à l'exécution de ce projet, et il avait donné des ordres pour que tous les secours nécessaires fussent fournis à son auteur; mais ces ordres ne furent pas suivis ou ne le furent qu'avec des lenteurs telles que Vaucanson, qui avait la légitime fierté du génie, aima mieux renoncer à son idée, bien qu'il s'en fût occupé longtemps, et que d'après ses premiers essais il osât presque répondre de réussir.

La représentation de la *Cléopâtre* de Marmontel lui avait encore donné occasion de fabriquer un aspic qui, au moment où la reine d'Egypte le pressait sur son sein pour l'exciter à la mordre, imitait presque au naturel le mouvement d'un aspic vivant et sifflant. « Je suis de l'avis de l'aspic, » répondit aussitôt un spectateur interrogé sur ce qu'il pensait de cette tragédie. S'il faut en croire Marmontel, la surprise que causa ce petit chef-d'œuvre de l'art fit une diversion fâcheuse pour sa pièce; cette explication bénévole de la froideur avec laquelle elle fut écoutée n'est qu'un hommage rendu au talent de Vaucanson.

On trouve dans les recueils de l'Académie des sciences, où il fut reçu en 1746, plusieurs mémoires de Vaucanson remarquables par le talent de décrire les machines avec une précision et une clarté très rares.

Attaqué depuis plusieurs années d'une cruelle maladie qui devint, pendant les dix-huit derniers mois de sa vie, une complication de maux les plus douloureux, il leur opposait un tranquille courage, et conservait toute son activité, toute sa vigueur d'esprit. Il s'occupait encore à préparer la description de la machine qu'il avait inventée pour composer sa chaîne sans fin. Visant à l'économie dans la construction des métiers, comme à un but d'une haute importance pour la pratique des arts, il expliquait à ses ouvriers les moyens qu'il avait imaginés pour fabriquer en bois une partie des pièces de son moulin. « Ne perdez point de temps, leur disait-il ; je ne vivrai peut-être pas assez pour exposer toute mon idée. » C'est au milieu de ces occupations qu'il termina sa vie et ses souffrances, le 21 novembre 1782. Mourir ainsi, c'était mourir comme le soldat, au champ d'honneur !

Vaucanson fut véritablement un homme de bien, et surtout un excellent père. N'ayant eu qu'une fille, qui avait perdu sa mère presque en venant au monde, il voulut être son unique instituteur ; il consacra tous les jours trois heures à ce soin, persuadé qu'il n'y en avait pas pour lui de plus important, ni de plus doux. Heureux l'enfant qui peut ainsi être élevé et instruit par un père dévoué ! car une telle éducation est un bienfait dont l'influence féconde se fait sentir jusqu'aux derniers jours de la vie. Heureux aussi le père à qui il est permis d'entreprendre une pareille tâche ! car il recueillera, comme Vaucanson, le prix de son courage dans l'amour la reconnaissance et les succès de son enfant.

Vaucanson, par son testament, avait donné son cabinet de mécaniques à la reine Marie-Antoinette, qui, n'estimant que fort médiocrement un pareil legs, accueillit l'idée d'en gratifier l'Académie des sciences ; mais les intendants du commerce réclamèrent les machines relatives aux manufactures, et de là des contestations, par suite desquelles cette précieuse collection fut en partie dispersée et perdue pour la France. Ce qui en restait devint, en 1798, avec deux autres dépôts du même genre, le noyau du *Conservatoire des Arts et Métiers*, dont une des salles porte le nom de l'illustre mécanicien.

JAMES WATT
1736-1819

Pour notre âge calculateur, il y a des chiffres plus éloquents que tous les panégyriques. L'Angleterre, l'Ecosse et l'Irlande réunies comptaient une population totale de *vingt-quatre millions* d'habitants. Eh bien! un modeste mécanicien, un simple géomètre-arpenteur, qui est en même temps constructeur d'instruments de mathématiques, imagine et exécute le perfectionnement d'une machine déjà connue et employée imparfaite, depuis longtemps, mais qui se trouve changée et améliorée par lui à tel point qu'il en devient comme le créateur. Or, cette machine ainsi perfectionnée, crée et développe, pour les seules contrées d'Angleterre, d'Ecosse et d'Irlande, et dans l'espace de quelques années, une nouvelle puissance motrice, qui est applicable à presque tous les genres de fabrication et d'industrie, et qui réalise une masse de forces nouvelles, équivalente à celle que pourraient produire les bras de plus de *cent millions* d'hommes! C'est donc la population des trois royaumes subitement agrandie, en quelque sorte, et comme portée au *quintuple*, au profit de l'industrie britannique! Et c'est là un de ces bienfaits qui s'étendent rapidement à toutes les nations! La grande découverte qui devait opérer de si prodigieux effets, est celle de la *machine à vapeur* avec les perfectionnements de Watt, ce *Christophe Colomb* de la mécanique et de l'industrie manufacturières de notre temps! L'envahissement progressif et continuel de cet immense empire anglo-indien, qui aujourd'hui ne compte pas moins de *deux cent quatre vingt-dix millions* de sujets sous la domination britannique, a été cependant pour les Anglais une source bien moins féconde de richesses et de puissance que la découverte de Watt; immortelle conquête, d'autant plus glorieuse pour son auteur, que rien n'est dû au hasard, qu'elle a été le résultat de longues et laborieuses recherches et d'expériences innombrables!

James WATT naquit à Greenock, en Ecosse, le 19 juin 1736. Son père faisait le commerce; son grand-père et son oncle s'étaient distingués comme mathématiciens et ingénieurs civils. La constitution faible du jeune James semblait ne pas lui promettre un long avenir; mais cette fâcheuse circonstance développa du moins en lui, de bonne heure, des habitudes de retraite et d'application, sans lesquelles il est très rare qu'on fasse de grandes choses. Le jeune Watt reçut dans sa ville natale une éducation élémentaire, en fréquentant une de ses écoles publiques et gratuites, dites *Grammar-Schools*, auxquelles l'Ecosse doit en grande partie la supériorité intellectuelle qui caractérise de nos jours ce peuple écossais, autrefois si connu pour son ignorance et son fanatisme. A l'âge de seize ans, Watt fut mis par ses parents en apprentissage dans un petit atelier où l'on exécutait des compas, des balances, quelques appareils de physique, des cadrans solaires et les divers ustensiles pour la pêche : il y resta quatre ans. Il avait vingt ans lorsqu'il se rendit à Londres, chez un fabricant d'instruments de mathématiques. Là, un travail particulier l'ayant retenu toute une journée d'hiver près de la porte de l'atelier, il fut pris d'un rhume violent dont les médecins ne purent le guérir complètement. Il résolut alors d'essayer les effets de l'air natal, retourna en Ecosse et y forma un modeste établissement pour son propre compte. Dans l'année 1757, l'Université de Glasgow accorda à Watt, alors âgé de vingt-un ans, la charge de conservateur de sa collection de modèles de machines. A ce titre, on lui donna un logement dans le collége, avec la permission de continuer à travailler pour le public. Des hommes qui, au plus rare mérite joignaient les plus belles qualités, figuraient à cette époque au nombre des professeurs de l'Université de Glasgow. Robert Simpson, Adam Smith, et le célèbre Black, honorèrent le jeune mécanicien de leur amitié, et devinèrent ses talents.

Il forma en même temps une liaison intime avec le jeune Robison, alors étudiant à Glasgow, devenu plus tard célèbre par ses travaux dans les mathématiques et la physique : cette amitié dura autant que leur vie.

En 1763, Watt renonça à son logement de l'Université et s'établit dans la ville de Glasgow, en qualité d'ingénieur civil. Ce fut l'année suivante (1764) qu'il épousa miss Miller, sa cousine. Il fut employé à d'importants travaux relatifs aux canaux et aux ports; mais une circonstance heureuse donna bientôt une nouvelle direction à ses travaux.

Le jeune Robison ayant confié à son ami le projet qu'il avait conçu de substituer les machines à vapeur aux chevaux des charrettes et des voitures publiques, l'avait engagé à s'occuper lui-même du perfectionnement des appareils de ces machines. Quelques essais tentés en 1759, en 1761 et en 1762, n'avaient point donné de résultats satisfaisants. Mais dans l'hiver de 1763 à 1764, alors que son esprit était encore tout occupé de ces recherches, les professeurs de l'Université lui font apporter un modèle en petit de la machine à vapeur dite de *Newcomen*, qu'on le prie de réparer et de remettre en état de servir aux expériences et démonstrations des cours de physique de l'Université. Watt, en réparant l'appareil, l'observe et l'étudie à fond, et y découvre des défauts qu'on n'avait pas reconnus jusqu'alors.

Suivant l'observation du savant Arago (*Annuaire du Bureau des Longitudes*, pour 1829), les personnes qui pourraient croire que la machine à feu ou à vapeur, employée de nos jours, a été créée par un seul homme et comme d'un seul jet, se détromperaient facilement en parcourant l'historique rapide que le célèbre académicien a tracé de cette grande création du génie de la mécanique, chez les modernes. Dans cette curieuse et grave discussion d'histoire scientifique, quel a été le premier inventeur? C'est un Français, dit M. Arago, c'est l'auteur de l'ouvrage intitulé : *Les Raisons des forces mouvantes, avec diverses machines tant utiles que plaisantes,* etc., publié en 1615 et dédié au roi Louis XIII, par son très obéissant « subject » Salomon de Caus, « maistre ingénieur, » né en Normandie et mort vers l'an 1630. C'est Edward Somerset, marquis de Worcester, disent les Anglais. Mais son livre intitulé : *Century of Inventions*, (les Cent découvertes) n'est que de l'an 1663. Voici les faits : Salomon de Caus a imaginé le premier d'employer la vapeur d'eau dans une machine hydraulique. Un autre Français, Papin, a combiné le premier, dans une machine à vapeur et à piston, la condensation de cette vapeur par le froid (1690). Le capitaine anglais Savery (1695) et ses deux associés anglais, le forgeron Newcomen et le vitrier Cawley (1705), ont construit les machines à vapeur, qui étaient en usage avant la grande découverte de Watt. La machine des trois derniers était connue sous le nom de *Machine de Newcomen;* et Beighton y avait introduit (1717) le jeu des robinets manœuvrés par la machine elle-même pour l'introduction alternative de la vapeur et de l'eau froide. L'habile Watt reconnut bientôt que ce mécanisme occasionnait une grande perte de chaleur, et par conséquent une grande perte de combustible, puisqu'à chaque condensation le cylindre était refroidi. Watt eut alors l'heureuse idée d'ajouter au corps de pompe un tuyau où la vapeur se rendait après avoir produit son effet, et recevait le jet d'eau froide qui la condensait, le corps de pompe conservant ainsi sa chaleur. C'est cet ingénieux procédé, et l'invention de ce *condenseur* qui forme le premier titre de Watt à l'admiration et à la reconnaissance de la postérité. L'invention de sa machine dite *à double effet*, autre modification et amélioration de la machine de Newcomen, suivit de près. Le nouvel appareil, outre l'économie et le redoublement de force, venait d'acquérir une régularité et une précision mathématiques, qui donnaient un caractère tout nouveau à une invention qui languissait sans résultats depuis un demi-siècle.

Restait encore la grande difficulté, qui est toujours celle de décider les hommes à courir les chances d'une expérience nouvelle, surtout en mécanique, où une erreur de calcul peut précipiter l'entrepreneur dans des dépenses ruineuses. Watt était peu communicatif, peu répandu dans le monde, d'un caractère timide ; il ne montrait pas tout ce qu'il valait, et ne prenait aucune peine pour se faire valoir. Cependant il fit connaissance d'un homme instruit, le docteur Roebuck, créateur de la célèbre fonderie de Caron, près d'Edimbourg. Il avança à Watt les premières sommes nécessaires, et fit établir la nouvelle machine sur le puits de la mine de charbon de Kinneil, appartenant au duc de Hamilton. Tous ces noms sont devenus historiques.

Ce fut en 1768 que Watt demanda sa première patente, mais il ne l'obtint qu'en 1769 : c'est l'année de la naissance de Napoléon! Le docteur Roebuck était devenu l'associé de Watt dans l'exploitation de sa patente, et s'obligeait à supporter tous les frais d'exploitation, à la condition de recevoir les deux tiers des bénéfices. Mais, s'étant trouvé bientôt dans l'impossibilité de remplir la première condition du contrat, il céda ses droits (1773) à Mathew Boulton, riche fabricant de Birmingham, homme éclairé, d'un caractère entreprenant et jouissant d'un grand crédit. Si le nouvel associé de Watt dut être fier de ses relations avec un homme de ce mérite, déjà connu par ses premiers essais en Ecosse, Boulton n'en sera pas moins digne de souvenir, par le zèle qu'il mit, en cette circonstance, à protéger une entreprise dans laquelle il eut plus à cœur le bien de son pays que le désir d'agrandir encore sa fortune, qui était déjà très considérable. Jamais la richesse n'avait si bien secondé le génie.

Cependant le privilége concédé par la patente allait expirer (1775) avant que la nouvelle fabrique de Soho, près de Birmingham, eût donné des profits assurés. Boulton s'adresse à l'autorité, sollicite la coopération de ses nombreux amis, intéresse à ses projets la cour et la ville, et obtient du Parlement, par ses nombreuses et judicieuses démarches, la prolongation du privilége primitif jusqu'en l'année 1800.

A partir de 1775, époque de cette concession, l'association de Watt et de Boulton prospéra au plus haut degré. Bientôt, dit encore M. Arago, la colline stérile de Soho, où l'œil du voyageur apercevait à peine la hutte d'un garde-de-chasse, se couvrit de beaux jardins, de somptueuses habitations et d'ateliers qui, soit par leur étendue, soit par l'importance et la perfection des ouvrages qu'on y exécutait, devinrent en peu de temps les premiers de l'Europe. Soho devenu un établissement modèle, une sorte d'école polytechnique pour les mécaniciens et les ingénieurs, fut visité par tous les étrangers savants ou curieux qui voyageaient en Angleterre. Dès l'année 1779, l'aîné des frères Périer ayant fait l'acquisition d'une machine de Watt, la mit en pleine activité à Chaillot. Plus tard, les frères Périer firent construire à l'île des Cygnes une machine à double effet, toujours dans le système de Watt, sur un modèle que leur fournit M. de Bettancourt. Ce célèbre savant espagnol s'était rendu à l'établissement de MM. Watt et Boulton pour y étudier la construction de ses appareils, avec son ingénieux ami et compatriote M. Zureda; mais on ne leur laissa voir que le jeu extérieur de la machine. Néanmoins cela fut suffisant pour des hommes qui possédaient à un si haut degré le coup d'œil du mécanicien.

On se fera une idée exacte de l'importance commerciale de l'invention de Watt, par l'immense économie de combustible qu'elle procure. Les deux associés, sans exiger aucune avance des propriétaires de mines, leur livraient les appareils des machines exécutés et posés aux frais de l'association, qui réclamait, pour tout salaire et bénéfice, le tiers seulement de l'économie bien constatée de dépenses en combustibles, par comparaison avec les machines de l'ancien système, dites *Machines de Newcomen*. Dans les seules mines de Chacewater en Cornouailles, où trois machines de Watt étaient en jeu, les propriétaires rachetèrent le droit des inventeurs pour une somme de 60,000 francs par an, ce qui supposait une économie de combustible de plus de 180,000 francs.

Quoique les machines de Watt n'aient guère été employées jusqu'en 1800 que pour élever l'eau des mines, les inventions de ce célèbre mécanicien eurent bientôt conduit à l'emploi des machines à vapeur pour remplacer tout autre moteur, là où les chutes d'eau manquaient ou n'étaient pas assez puissantes. Pour l'application de sa machine aux moulins, Watt eut le chagrin de se voir prévenu par l'infidélité de l'un de ses ouvriers. En dernier lieu, sa machine appliquée à la navigation et au transport des fardeaux par terre a donné naissance aux bateaux à vapeur et aux chemins de fer. La vapeur d'eau, par les travaux de Watt, est devenue la puissance motrice par excellence.

Outre les inventions de Watt qui ont un rapport immédiat avec la machine à vapeur, ce savant s'occupa aussi de plusieurs autres objets d'une importance secondaire. Ce fut lui qui inventa, en 1779, la machine à copier les lettres, dont l'utilité a été surtout appréciée par les négociants. Il introduisit aussi en Angleterre le blanchiment des toiles, d'après le procédé du Français Berthollet.

Jusqu'en 1800, Watt avait été sans cesse occupé des travaux de ses grands établissements. Sentant alors le besoin de repos, il se retira de l'association, et se fit remplacer par son fils, qui depuis continua les entreprises avec le fils de Boulton. Possesseur d'une grande fortune, fruit de ses utiles travaux, Watt se retira dans sa maison de Heathfield, près de

Birmingham. Là, le patriarche de l'industrie britannique, honoré du respect du monde entier, mais toujours bienveillant, modeste et réservé, comme au temps où, dans sa jeunesse, il nettoyait les appareils de l'Université de Glascow, coulait des jours paisibles. Il avait épousé en seconde noces miss Mac Grégor (1775).

Les sociétés royales d'Edimbourg et de Londres s'étaient empressées d'admettre Watt parmi leurs membres. L'Institut de France l'avait choisi dès 1808, et malgré la guerre, pour un de ses correspondants. En 1814, l'Institut le nomma l'un de ses huit associés étrangers. Ce grand homme était doué d'un si bon caractère que, malgré sa gloire et sa fortune, il n'eut point d'ennemis. Sa santé, très délicate dans sa jeunesse, s'était raffermie, et le repos avait fait cesser des maux de tête auxquels il était sujet dans le temps de ses grands travaux. En 1817, il voulut revoir sa terre natale, et ce fut à son retour d'Ecosse que sa santé commença à s'affaiblir. Une courte maladie l'enleva, dans sa maison d'Heathfield, le 25 août 1819, à 83 ans.

Watt n'a laissé que deux écrits, l'un inséré dans les *Transactions philosophiques* (1682), sur les *Parties constituantes de l'eau et de l'air déphlogistiqué* (l'oxygène), et des notes jointes aux articles du docteur Robinson sur la vapeur et les machines à vapeur dans l'Encyclopédie britannique. Il était très versé dans la chimie, la physique, et, ce qui est plus surprenant, dans la médecine, l'archéologie, la jurisprudence, l'architecture et la musique. Les principales langues et littératures d'Europe lui étaient familières; sa tête était une véritable encyclopédie.

Le sculpteur Chantrey qui, peu d'années avant la mort de Watt, avait fait son buste d'après nature, a exécuté trois belles statues de ce grand homme : deux en marbre, dont l'une pour son tombeau, et l'autre pour le *Musée Hunterien* de Glascow, et une troisième en bronze, pour la même ville.

Watt a eu le bonheur de naître dans un pays et à une époque où le besoin de puissantes machines a coïncidé avec l'abondance des capitaux et l'esprit de spéculation porté à un degré inconnu jusqu'alors. Ce concours de circonstances heureuses avait manqué à Salomon de Caus et à Papin.

FIN

TABLE

Berthollet (1748-1822). 7
Bichat (1771-1802). 21
Beaujon (1718-1786). 31
Chaptal (1756-1832). 39
Cochin (Jean-Denis-Marie). 51
Jacques-Cœur (Né vers 1365; mort en 1456). 69
Cuvier (1769-1832). 91
Dupuytren (1777-1831). 107
Cook (1728-1775). 125
Fulton (1765-1815). 137
Jacquard (1752-1834). 147
La Pérouse (1741-1788). 179
La Tour-d'Auvergne, premier grenadier de France (1743-1800). 189
Montyon (1733-1820). 215
Newton (1642-1727). 225
Bernard Palissy (1510-1590). 237
Ambroise Paré (1517-1590). 257
Parmentier (1737-1813). 273
Vaucanson (1709-1782). 283
James Watt (1736-1819). 293

FIN DE LA TABLE.

www.ingramcontent.com/pod-product-compliance
Lightning Source LLC
Chambersburg PA
CBHW070626160426
43194CB00009B/1382